DIE PRAXIS EINER GANZHEITLICHEN SPRACHFÖRDERUNG

Giselher Gollwitz

Adresse für Bestellungen:

Verlag Giselher Gollwitz
Kanalstraße 12
93077 Bad Abbach
Tel.: 0 94 05/25 00
Fax: 0 94 05/48 79

ISBN 3-927641-02-2
Grafische Gestaltung: Antonia Gollwitz, 7 Jahre

Druck: Ideal-Druck Holzhauser, Kapfelberg-Kelheim

10. Auflage 2000

INHALTSVERZEICHNIS

Mir ist alles verhaßt,
was mich bloß belehrt, ohne
meine Tätigkeit zu vermehren
oder unmittelbar zu beleben.
– Goethe –

VORBEMERKUNGEN

Auf den ersten Blick erscheint es vermessen, ein Buch schreiben zu wollen, in dem die Praxis einer Sprachförderung in ihrer Ganzheit erfaßt ist.

Kann denn ein solches Praxiskonzept theoretisch abgesichert werden? Wer soll eigentlich mit diesem Konzept gefördert werden? Ist es legitim, wieder einmal das Spiel als Lernform in den Mittelpunkt zu rücken? Ist die "Lebenswelt" unserer Kinder nicht anders als die geplanten Entwürfe? Kann der Kollege und die Kollegin im anstrengenden beruflichen Alltag auch damit wirkungsvoll arbeiten? ..

Diese und viele weitere Fragen könnten uns immer wieder an den Anfang zurückwerfen. Wer gibt uns denn die Sicherheit, daß ein Konzept überhaupt "richtig" ist? Sind denn die herkömmlichen Formen von Sprachförderung nicht effizient genug? Haben nicht die kulturellen Wandlungen gezeigt, daß alles "der Mode unterworfen" ist?

Gerade bei der letzten Frage wollen wir jedoch verweilen! Die wissenschaftliche Weltsicht hat sich in der Tat geändert. Ein kultureller Paradigmenwandel ist eingetreten, seit Max Planck mit der Quantentheorie nachgewiesen hat, daß die "Natur Sprünge macht". Bisher wäre undenkbar gewesen, daß "ein Ding gleichzeitig auch zwei Dinge sein können". Die Doppelnatur des Lichts, das bei aller Unschärfe einmal als **Materie**, das andere Mal als **Energie** gesehen werden kann, ist ein naturwissenschaftliches Beispiel für die ganzheitliche Struktur unserer Welt. Diese "neuen" Erkenntnisse haben auch die Geisteswissenschaft erschüttert, die in einigen Teilbereichen (Positivismus, Verhaltensforschung..) das mechanistische Konzept der aristotelischen Logik aufgegriffen hat.

Auch in der neueren sprachheilpädagogischen Forschung werden heute Positionen vertreten, die noch vor wenigen Jahren undenkbar gewesen wären. Das **Handbuch der Sprachtherapie** (Hrsg. M. Grohnfeldt), in dessen Reihe der 4. Band demnächst erscheinen wird, zeigt eindeutig die neue Qualität einer ganzheitlichen Sicht. Die verengte und statische Argumentation, bei welcher der Lehrer zum Operator und Kontrolleur degradiert war, wird von allen Autoren verworfen zugunsten von dynamisch-ganzheitlichen Modellen, die sprachliche Entwicklungen globaler begründen.

Im Grunde genommen erkennt der Pädagoge bei seiner praktischen Arbeit aber auch selbst, daß die sprachlichen Erscheinungsbilder sich nur selten eindimensional **erklären** lassen. Der obige Leitsatz von Goethe kritisiert die **Belehrung** und plädiert auf wunderbare Weise für eine **Belebung**. Gemeint ist ganz sicher ein "Erleben", ein "Erwecken zum Leben". Wer aber Menschen in ihrer Persönlichkeitsentwicklung als Begleiter zur Seite steht, **erklärt** auch nicht gleich. Er bewältigt die Aufgabe über ganz konventionelle Haltungen des **Beschreibens** und **Verstehens**.

Er begibt sich als Lehrer auch selbst in diese Anfänge zurück. Er **entspannt sich** zusammen mit seinem Partner. Er weiß, daß **Aggressionen** und **Regressionen** am eigenen Körper sensibel mitgespürt werden können. Er **hört** selbst auch bewußt nach innen und außen. Er sieht in der Aktivierung der **Atmung** nicht nur für seine Schüler ein harmonisierendes und persönlichkeitsbildendes Mittel. Er denkt auch gelegentlich über seine eigene **Stimme** nach und erlebt sich selbst mit seiner **Lautbildung**. Schließlich wird ihm geistig bewußt, daß **Wörter** eine Gestalt besitzen. Bei den **Sätzen** wird ihm klar, daß sie aus konkreten Handlungen herauswachsen und ein Spiegelbild unserer Kultur sind. So liegt es letztlich nahe, diese **sprachliche Ganzheit in einen höheren Sinn zu integrieren**, dessen Wurzeln sowohl im Individuum selbst als auch in seiner sozialen Einbindung zu suchen sind.

Der Lehrer kann sich seinen Alltag sogar in gewisser Weise erleichtern, wenn es ihm gelingt, sich ins ganzheitliche Geschehen zu integrieren. Das Kind wird diese "Lebenswelt" des Spiels bejahen, wenn es erkennt, daß es - so wie es ist - ernst genommen wird und daß es sich in diesen Spielen finden kann.

Der Autor ist sich bewußt, daß er mit diesen ca. einhundert Spielen die Thematik nicht erschöpfend behandeln kann. Wichtiger erschien ihm, die Förderbereiche breit zu streuen. Außerdem sollte auch das Jugendalter wenigstens strukturell erfaßt werden. Dies erfolgt in der Hoffnung, daß von diesem Ansatz viele Kollegen angesprochen und in ihrer Kreativität geweckt werden.

Abschließend möchte ich mich noch bei meiner Frau bedanken für ihre geduldige Unterstützung meiner Arbeit und die einfühlsame Haltung. In der eigenen Familie konnte ich diese harmonisierende Ganzheitlichkeit, von der im Buch die Rede ist, sicher nicht in der wünschenswerten Weise umsetzen.

Besonderer Dank gilt auch meiner Tochter Antonia, die auf ihre Weise die Texte interpretiert und graphisch ausgestaltet hat.

Bad Abbach, 2. November 1991   Giselher Gollwitz

1. ENTSPANNUNGSTECHNIKEN

A1. DIE WAHRNEHMUNG KÖRPERLICHER ENTSPANNUNG AUS DER ANSPANNUNG HERAUS

Grundlegung:

Sprache und persönlicher Ausdruck eines jeden Menschen sind individuell und unaustauschbar. Grundsätzlich zeigt auch das Kind, wenn es spricht und handelt, auf welcher Stufe seiner Entwicklung es sich befindet.

Wir wollen hier nicht gleich mit den Augen eines Analytikers an diese Aufgabe herantreten. Wir erkennen aber sehr häufig, daß unsere Kinder nicht "in ihrer Mitte" sind. Viele von ihnen sind wahrnehmungsgestört und können sich kaum konzentrieren. Sie zeigen Schlafstörungen und klagen schon im Kindergartenalter über gelegentliche Bauchschmerzen, obwohl sie körperlich gesund sind .

Wenn wir als Pädagogen bei der Diagnose einzelne Dysfunktionen der integrativen Entwicklung feststellen , so sind dies Umschreibungen und Erklärungen. Wir wissen aber noch nicht, ob sich aus den Ausführungen auch therapeutische Handlungsmodelle entwickeln lassen. Entscheidend wird eben sein, zu wissen, mit welchem Verständnis die gesamte Umwelt dem Kinde entgegentritt, inwieweit aus ganzheitlicher Sicht über den "vertrauensvollen Dialog" erst einmal ein Urvertrauen (Erickson) geschaffen werden muß. Dies ist eine hohe Anforderung an den Lehrer und Erzieher, der trotz Alltagsstreß und gesellschaftlicher Hektik Ruhe und Gelassenheit ausstrahlen soll. Gerade diese Charaktereigenschaften besitzen heute fast Seltenheitswert.

Eine ganzheitliche Sprachförderung meint in diesem Abschnitt einen sehr "körpernahen Dialog", der über die kindliche Eigenwahrnehmung hinweg zur Entspannung führt.

Es ist für Kinder zunächst wohl der einfachere Weg, einen mit einem geeigneten Vorstellungsbild gekoppelten Prozeß nachzuvollziehen, der von der gespürten kräftigen Anspannung in die Entspannung führt. Der direkte Weg in die Entspannung, wie er im nächsten Abschnitt angesprochen ist, geschieht nicht über die Wahrnehmung des Kontrastes von Anspannung und Entspannung und fällt einigen Kindern schwerer.

Hier sollen einmal nach dem Prinzip der "progressiven Muskelrelaxation" (Edmund Jacobson) kindgemäße Techniken eine bewußte Wahrnehmung verschiedener Körperspannungen einleiten. Dies geschieht mit dem Zielgedanken einer Harmonisierung der sich ganzheitlich entfaltenden Kinder im Sinne einer eutonen (mittlere Spannung) Ausbalancierung. Dies ist in gleicher Weise für sprachliche Entwicklungen wichtig, weil auch Atmung, Stimmführung, Lautbildung, Wort- und Satzbildung den Prinzipien von Anspannung und Entspannung folgen.

Spiel:

"Der Geist in der Flasche" / "Der verzauberte Prinz im Bärenfell"

Vorliegendes Spiel wird zweckmäßigerweise mit einem einzelnen Kind durchgeführt. Zunächst hält der Pädagoge ein Kind mit aller Kraft fest. Dies erinnert an die "Festhaltetherapie" von J. Prekop.

Das Kind spielt einen Geist, der in einer Flasche gefangen ist und sich befreien möchte. Ein zweites Motiv ist etwa im Märchen "Schneeweißchen und Rosenrot" der verzauberte Prinz.

Mit Händen und Füßen preßt das Kind gegen alle Widerstände, die sich ihm entgegenstellen. Zu einem bestimmten Zeitpunkt wird die massive Einschränkung schlagartig aufgegeben. (Analogie zur Geburt). Das Kind kann sich in einer bequemen Bodenlage entspannen.

Der Therapeut hält also Arme, Beine und Körper des Kindes fest und und drückt das Kind so lange, bis seine Kräfte nahezu versiegen. Zur weiteren Konkretisierung der Situation können die Kinder auch umhüllt werden , wobei u. U. der Kopf ausgespart werden sollte. Als Hilfsmittel dienen Säcke, Decken, weiche und angenehme Felle, Schachteln, Leintücher oder auch lichttransparente Materialien wie Polsterersäcke oder Fensterstores.

Der gesamte Vorgang wird, vom Pädagogen sprachlich begleitet. Es wirkt die imaginative Kraft der Vorstellung:

> "Du als Geist möchtest endlich aus deiner engen Flasche heraus. Du preßt kräftig gegen die Wände, so kräftig es eben nur geht. Du gibst nicht auf... Achtung, der Korken der Flasche bewegt sich schon ein wenig. Noch kräftig weiterpressen - und... Plop! Jetzt bist du frei. Du schwebst heraus in die Luft; immer höher und weiter - immer entspannter... Jetzt legst du dich bequem auf eine Wolke, auf eine weiche und angenehme Wolke. Du fühlst dich sehr wohl, warm und entspannt...

> "Im Fell ist es ganz eng, du möchtest jetzt endlich heraus und von deinem Zauber befreit sein... Plötzlich hörst du den Schuß des Jägers! Die Kugel hat das Bärenfell zerstört! Jetzt bist du der schöne Prinz (die Prinzessin), der ganz frei ist. Du entspannst dich und träumst, wie du zum Schloß schwebst. Du setzt dich in den bequemen Thron... Du fühlst dich immer entspannter. Es geht dir sehr gut... Du bist locker und entspannt - wirst warm und wärmer..."

Inhalte:

Diese Übung wirkt ordnend vor allem auf das hyperaktive und verhaltensauffällige Kind.

Im Vorfeld der Lautbildung vollzieht das Kind bei der massiven Anspannung eine ausgeprägte Form der Atempresse, die gerne in einen entspannenden Schrei übergeführt werden darf.

Sanfte taktile Stimulationen dienen der weitergehenden Entspannung, korrigieren Fehlhaltungen bei der Atmung und provozieren lustvolle Lautbildungen.

A2. DIE WAHRNEHMUNG KÖRPERLICHER ANSPANNUNG UND ENTSPANNUNG IN VERBINDUNG MIT EINER ENTSPRECHENDEN LAUTBILDUNG

Spiel:

"Die verzauberten Krokodile"

Die Kinder bewegen sich frei im Raum. Als "Krokodile" fauchen sie sich gegenseitig böse an. Auf ein bestimmtes Zeichen und einen Zauberspruch hin werden sie alle versteinert. Die Kinder nehmen ihre augenblicklich gespannte Körperhaltung sowie die Anspannung auch des Gesichts und des Mundraums bewußt wahr. Ein weiteres Zeichen erweckt die Krokodile wieder zum Leben.

Es wird empfohlen, das Spielgeschehen mit einigen wenigen Materialien interessant zu gestalten. Alte ausgetragene Hemden werden z.B. mit grüner Stoffarbe bemalt und mit Augen versehen. Die ausladenden Armbewegungen mit den über den Kopf gestülpten Hemden stellen dann die aggressiven Kieferbewegungen der "Krokodile" dar.
Geriffelte Flaschen, Ratschen, Rasseln.. sind Geräuscherzeuger, die das wilde Fauchen der "Krokodile" wirkungsvoll unterstützen. Die "Versteinerung" kann dann kontrastierend mit einem Klanginstrument (Gong, Triangel..) signalisiert werden.

Inhalte:

Bei der körperlichen Anspannung wird der CH-Laut als gespannter Engelaut simultan gebildet.

Die "Versteinerung", das gespannte Festhalten einer aggressiven Position, entspricht dann dem K-Laut, der an dieser Stelle bewußt gespürt werden soll.

Die Synchronisation von Körperhaltung und Lautbildung wird noch bewußter, wenn wir einen Zauberspruch ins Spiel einbauen. Als Beispiel sei genannt:

"Fauch mich an, fauch mich an.., Achtung! Klick!"

Die Kinder bewegen sich zum Engelaut "CH" und fauchen. Erscheint im Zauberspruch der Plosivlaut "K", so ist dies ein Signal für die "Versteinerung" und "Bremsung der Engelautbildung".

Spiel:
"Das Luftballonspiel"

Vor den Augen der stehenden Kinder wird ein Luftballon groß aufgeblasen. Gleichzeitig spielen diese Kinder "Luftballone":

Sie atmen in analoger Weise stoßartig ein und halten in den Pausen die Luft mit dem Gaumen (inspiratorisches "K"), der Zunge ("T") oder den Lippen ("P") an. Bei der Einatmung strecken sie sich immer mehr und spannen sich an, wobei der anfänglich eher entspannte Mundraum ("U" – gerundet) so nach und nach in Spannung gerät (Breitspannung zum "I").

Wird danach die Luft aus dem Ballon wieder langsam ausgelassen, so imitieren die Kinder diesen Vorgang ebenfalls:

Sie atmen die Luft gleichmäßig aus, wobei sich die Körper immer mehr beugen, was einer Lockerung entspricht. Gleichgerichtet ist auch die mundmotorische Aktivität: Die angespannten Lippen ("I") runden sich sukzessive und nahtlos wieder zum "U".

Hinweis:

Der verwendete Luftballon kann auch mit einem handelsüblichen "Heuler" versehen werden, so daß beim Auslassen der Luft die Kinder sich (zusätzlich) auditiv orientieren können.

Inhalte:

Die Wahrnehmung der Gleichgerichtetheit von Einatmung und Anspannung bzw. von Ausatmung und Entspannung wird bewußt.

Auch die Lautbildung wird mit der Atmung in Verbindung gebracht:
Während das inspiratorische "I" (oder "S") lautsprachlich später keine Bedeutung trägt, jedoch Anspannung signalisiert, ist die entspannte exspiratorische Lautierung eines lockeren "U" (bzw. "SCH" oder Schwa-Laut) für eine ökonomische Sprech- und Atemweise wichtig.

Variante:

Der Ballon kann auch zum Platzen gebracht werden. Die Kinder reagieren dementsprechend schnell und fallen mit "Peng" schlagartig flach zu Boden - wo sie sich - so gut es geht - entspannen.
Als Therapeut kann man durch leichtes Anheben von Armen oder Beinen überprüfen, ob wirklich "die Luft 'raus ist". Dies führt zu vertiefter Wahrnehmung und Entspannung.

Spiel:
"Die Aufziehmaus"

Ähnliche Lerninhalte wie beim letzten Spiel ergeben sich, wenn man das Kind als "Spielzeugmaus" aufzieht, wobei es sich bei jeder "Schlüsseldrehung" mehr anspannt. Diese Anspannung verläuft synchron zur Einatmung. Ist die "Maus aufgezogen", dann bewegt sie sich frei im Raum und atmet gleichzeitig mit Stimme oder/ und Lautbildung aus.

Variante:

"Das Autospiel" - Das "Auto wird vollgetankt. Wie weit reicht eine Tankfüllung?"

Es ist sinnvoll, zur Demonstation irgendein Blechspielzeug mit mechanischem Federantrieb mitzubringen. Dies muß keine Aufziehmaus sein. Ein trommelnder Bär, ein spaßiger Clown oder einfach ein Spielzeugauto dienen dem gleichen Zwecke.

Inhalte:

siehe oben

Beim "Aufziehen der Maus" wird die "innere Feder" (Atmung und Muskulatur) immer stärker gespannt. Lautlich stützt ein inspiratorisches "KrrK" das Geschehen: "K" bedeutet die Atembremsung, die erfolgt, wenn "der Schlüssel gerade nicht gedreht" wird; "rr" meint das Zahnradgeräusch, das während der Schlüsseldrehung zu hören ist.
Wenn die "Maus" sich dann bewegt, löst sich die Spannung mit einem (stimmhaften) Ausatmen langsam wieder auf. Der gleichmäßiger "CH"- Laut käme dem Geräusch des Blechspielzeugs am nächsten.

Spiel:
"Der Hüpfball"

Beim Aufprall auf den Boden gerät ein Ball "in Spannung", um sich in der Luft wieder "zu entspannen". Um diesen Wechsel von Anspannung und Entspannung nachzuerleben, hüpfen wir mit den Kindern barfuß auf weichen Matten oder ausgedienten Sofas. Ein Trampolin ist natürlich besonders gut geeignet, weil aufgrund der längeren Flugphasen der Wechsel von Anspannung zur Entspannung sich verlangsamt. Die Lautfolge "hopp" unterstreicht die motorischen Prozesse .

Inhalte:

siehe oben

Das "Hop" klingt in der Abfolge "hop-oop-oop..". Immer beim "P"-Laut verspürt das Kind den Druck der Unterlage. Die Atempresse bei der Plo- sivlaut-Bildung stützt das ganzheitliche Erleben der Anspannung. Im Gegen- satz hierzu wird beim langen "O" während der Flugphase die Entspannung als Kontrast deutlich wahrgenommen.

Variante:

Sind die Kinder mit obiger Übung schon vertraut, so kann die Vorstellung "leichter" Luftballone den Entspannungsprozeß noch vertiefen. Die Luftballone müssen also hier nicht mehr konkret repräsentiert sein. Die Innenwahrneh- mung gelingt jetzt wohl leichter, wenn sich die Beteiligten voll auf die tak- til-kinästhetischen Vorgänge konzentrieren können.

Spiel:
"Die Rutschbahn"

Die Kinder rutschen einige Male auf einer echten Rutschbahn. Die Lautabfolge "Rutsch" soll mit der Rutschbewegung synchronisiert werden:
Ganz oben stellen die Kinder noch im Sitzen einen angespannten und schnarrenden "R"-Laut ein. Während sie rutschen, sprechen sie das entspannter fließende "U". Am Ende der Rutschbahn werden sie "von der Rutschbahn in die Luft gespuckt", was dem Laut "T" entspricht. Nach dem Auftreffen auf Sand oder (besser) Wasser beginnt eine betonte Entspannung mit "SCHSCH".

Später wird auch ohne wirkliche Rutschbahn der Prozeß simuliert:
Die Kinder sitzen zunächst angespannt auf einem weichen Boden. Der Vorgang des "Rutschens" bedeutet jetzt ein "Loslassen" der Körperanspannung, was mit einem lockeren Fallen in die Rückenlage verbunden ist.

Inhalte:

siehe oben

Die taktil-kinästhetischen Empfindungen beim Wort "Rutsch" werden sozu- sagen ganzkörperlich abgebildet und somit ins Bewußtsein gerückt.

Der Weg von der Anspannung in die Entspannung über die visualisierte Vor- stellung einer Abwärtsbewegung ist verläßlich und wird bei vielen Meditatio- nen angewandt.

B. DER DIREKTE WEG IN DIE ENTSPANNUNG

Grundlegung:

Die klassische Form des autogenen Trainings nach H.J. Schultz gelingt bei Kindern am besten, indem man über geeignete Formeln angenehme und beruhigende Imaginationen aus der kindlichen Vorstellungswelt eingibt.

Wichtig ist eine vertrauensvolle Atmosphäre, in der sich ein Gefühl der Ruhe, der Schwere und auch der Wärme einstellen kann.

Es ist nicht nötig, eine besondere Tiefenentspannung zu suggerieren. Vielmehr wollen wir eine harmonisch-entspannte Grundsituation, ohne die sich Atmung, Stimme und Sprache nicht gesund entfalten kann.

Schon beim Sprechen dieser Formeln wird die Vorbildwirkung der Lehrersprache evident: Die Schüler nehmen in der Entspannung die gesprochenen Sätze vertieft wahr und erinnern sich oft erstaunlich gut an diese besonderen Redewendungen.

Man achte daher auf vertrauenschaffende "Lockerheit" und senke die Stimme ganz natürlich etwas ab, was Ruhe und Konzentration schafft. Besonders wichtig ist aber die elementare sprachliche Führung, die kindlich global, bildhaft und konkret bleiben sollte. Die Vorstellung wird außerdem vertieft, indem man das Visualisierte (die Traumbilder) vielsinnig zu erfassen sucht: Man hört, riecht, spürt etwas !

Spiel:

"Der Schneemann"

Die Kinder spielen Schneemänner. Die "Besenarme" werden steif weggestreckt, Kälte und Starrheit werden suggeriert. Die Atmung wird als Einatmung festgehalten, was die winterliche Steifheit und Leblosigkeit noch unterstützt. Doch dann erscheint die wärmende Sonne:

> "Du spürst, wie du dich immer mehr (auf-)löst. Die Sonne wärmt deinen Körper und läßt ihn weich und weicher werden. Du sinkst ganz langsam in dich zusammen, wirst "fließend", locker.. warm und entspannt... Dein warmer und langsamer Ausatem macht die immer lockerer. Du verlierst jetzt auch deine steifen Besenarme... Alles wird locker und warm. Du hörst die Frühlingsvögel zwitschern, riechst schon die ersten Frühlingsblumen und spürst den warmen Wind... Du liegst ganz entspannt da und läßt alles geschehen. Es tut sehr gut..."

Die Entspannung stellt sich nur dann voll ein, wenn der Boden entsprechend weich ausgelegt ist. Die Kinder bewegen sich in individueller Weise von der Stand- in die Liegeposition und identifizieren sich mit dem langsam zerfließenden Schneemann. Wird in der Schlußphase der Übung eine Decke über einzelne Kinder gelegt, so kann dies die Vorstellung von Wärme, Ruhe und Vertrauen weiter stärken.

Inhalte:

Diese Übung schafft ein positives Körpergefühl über ein regressives Körper-
erleben.

Wir unterstützen vor allem den Ausatem, indem wir bestimmte Wörter im
Text öfter wiederholen und bestimmte Laute in besonderer Weise dehnen,
z. B.: "..du wirst lo..cker, ganz lo..cker.. f..ließend und entspa..nnt; f..ließend
und..". – Beim Prozeß der Entspannung regulieren wir in natürlicher Weise
den Ausatem, der auch beim Sprechen von besonderer Bedeutung ist.

Das seelische Gleichgewicht unserer Kinder stützen wir nicht nur über das
Entspannungstraining als solches. Die lautliche Begleitung des Entspan-
nungsgeschehens vertieft die Bewußtheit des Geschehens: Die Kinder lautieren ein gedehntes "F" oder "f..ließen", während sie sich vom Stehen zum
Liegen bewegen.

Spiel:

"Die müde Marionette"

Anders akzentuiert als "der Schneemann" ist vorliegendes Spiel. Der Entspannungs-prozeß wird hier mit einer echten Marionette vorgestellt und modellhaft vorgespielt. Beim eigenhändigen Umgang mit diesem Spielzeug erkennen die Kinder, was konkret geschieht, wenn man die Spannung der Fäden immer mehr lockert.

Auch beim pantomimischen Nachspielen läßt der Therapeut oder Schüler sehr vor-sichtig "Faden für Faden locker werden". Je nach Lenkung wird das Kind auf dem Rücken, dem Bauch oder der Seite zu liegen kommen.
Auch bei diesem Spiel achte man auf eine weiche Unterlage.

Inhalte:

siehe oben

Die Beteiligten interagieren miteinander auf nonverbale Weise im Sinne eines Führens und Folgens.

Spiel:

"Das Räuchermännchen"

Eine Räucherkerze in einem Räuchermännchen (bekannter Weihnachtsartikel) wird angezündet. Die Kinder sitzen entspannt um das Männchen herum und nehmen wahr, wie angenehm duftender Rauch in leichten Schüben aus seinem Mund herauskommt.

Inhalte:

Die meditative Stimmung wirkt beruhigend und entspannend auf die Kinder.

Das Räuchermännchen regt zu positiver Atemführung an. Auch die Kinder betonen die Ausatmung und beginnen zu hauchen. Vielleicht blasen wir mit "F" oder "SCH" so dosiert in den Rauch, daß dieser sich nur ganz minimal bewegt.

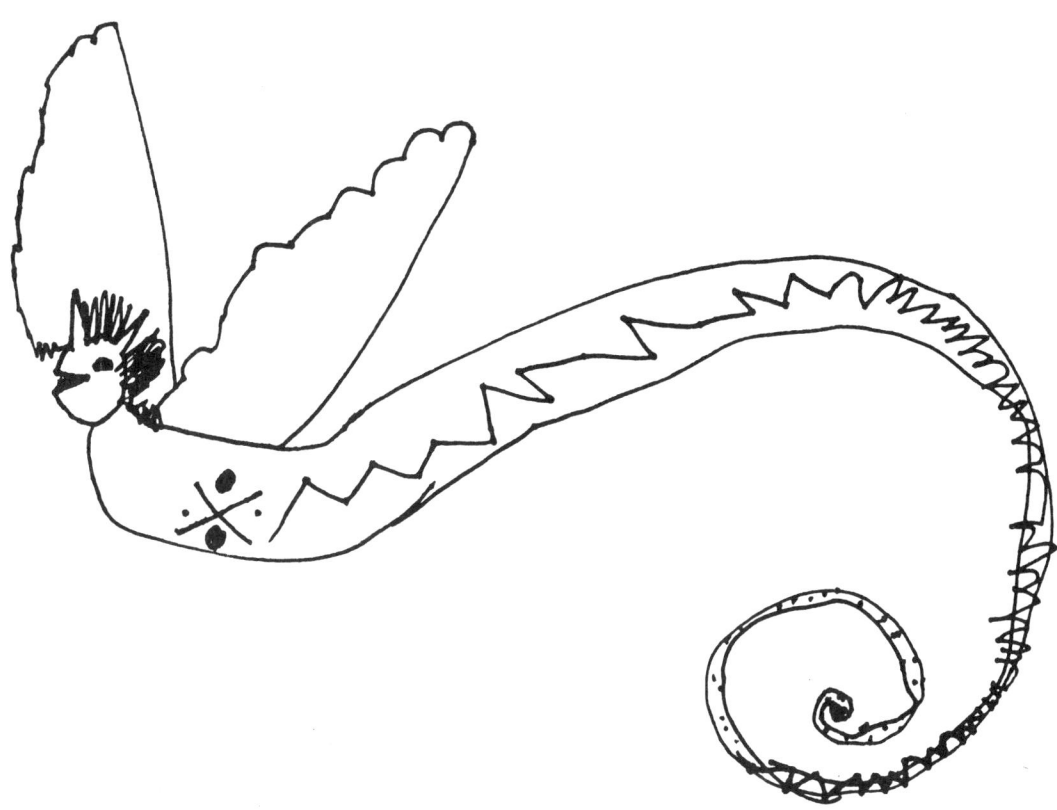

17

2. PSYCHOHYGIENE UND LAUTBILDUNG

Grundlegung:

Im ersten Kapitel wurden elementare Ausdrucks- und Lautbildungen im Rahmen der Entspannungstechniken angebahnt. Wie wir gesehen haben, waren hierzu Handlungskonzepte (Spiele) erforderlich, die auf eine intensive Eigen- und Fremdwahrnehmung ausgerichtet waren. Für uns Erwachsene haben solche "primären" Handlungen im allgemeinen keine Bedeutung; unser sprachliches Denken und inneres Handeln ist schneller und aufgrund seiner manchmal hochgradigen Abstraktion auch effektiver. Wir sollten aber die Wirkung dieser "primären" Handlungen im Rahmen der kindlichen Entwicklung hin zur Sprache nicht unterschätzen, auch wenn wir es nicht gewohnt sind, uns in diesen Dimensionen zu bewegen.

An dieser Stelle sollen nun zwei bedeutsame Faktoren hervorgehoben werden:

> Die Motivation für solche "primären" Handlungen ist im natürlichen Menschen angelegt. Die gesunde kindliche Seele sucht solche Tätigkeiten, wobei die Frage zu klären ist, inwieweit unsere Erwachsenengesellschaft "Kindsein" zuläßt!

> Die genannten Primärhandlungen selbst sind ebenfalls wieder sinnzeugend und wachstumsfördernd. Auf ihnen können sich "höhere" Tätigkeitsformen aufbauen, zu denen schwerpunkthaft auch sprachliche Fertigkeiten und Fähigkeiten gehören.

Während die genannten kindlichen Primärhandlungen beim Säugling automatisch von der Lust oder aber von der Not gesteuert sind, brechen diese bei verhaltensauffälligen älteren Kindern, Jugendlichen und Erwachsenen heraus, wenn keine "gereifteren" Handlungskonzepte verfügbar sind. Auch sprachauffällige Kinder sind eben dann in ihrem Verhalten ebenfalls auffällig, wenn die sprachlichen Handlungen eine Überforderung darstellen.

Psychohygienische Handlungen sind in diesem Kapitel also zunächst einmal vor allem "primäre" Handlungen und aus ganzheitlicher Sicht wichtige Fundamente der Sprachbildung. Sie sollen dazu anregen, regressive Eindrücke zuzulassen und elementar-aggressiven Ausdruck anzuregen bzw. diesen wieder geregelt abzuführen. Angesprochen ist der Mensch auf seiner "steinzeitlichen" Entwicklungsstufe, in der er noch "Jäger" und "Sammler" war. Wir gehen davon aus, daß die nun folgenden stammesgeschichtlich (phylogenetisch) orientierten Spielformen bei vielen sprachlichen Hemmungserscheinungen im Sinne von R.Cohen eine Art "Nachhilfe" oder "Nachreifung" darstellen.

A. AGGRESSIONEN ABFÜHREN

Spiel:

"Die Tierjagd"

Im Vorfeld des Spiels basteln die Kinder mit viel Phantasie ein Ungeheuer, in das sie alle ihre Ängste hineinlegen. Das Tier kann ein grausames Fabelwesen, ein Urtier aus der Steinzeit oder aber auch ein neuzeitliches Monster sein.

Hierzu verwende man etwa großflächig zu bemalende riesige Wegwerfkartons. Furchterregende Augen, spitzige Stacheln aus Karton, gefährliche Zähne.. werden aufgeklebt.

Die Kartons werden womöglich auf ein großes Sportgerät (Bock, Pferd..) montiert, um beim späteren Ansturm die Stabilität zu verbessern. Eingebaute Kissen sorgen für eine zusätzliche Polsterung und reduzieren die Verletzungsgefahr.

Vor dem Angriff vergesse man nicht, die Gemeinschaftsarbeit von allen Seiten zu fotografieren oder noch einmal abmalen zu lassen. Denn schließlich haben auch die Menschen der Steinzeit ihre Stiere vor der Jagd an die Wände gemalt (z.B. Altamira-Höhlen).

Der Spielablauf:

In der Mitte eines großen Raumes, einer Turnhalle.., befindet sich das sehr wild ausschauende Tier, in das alle ihre Ängste hineingelegt haben. Ein Kind, das gerne aggressive Schreie ausführt, darf sich anfangs im Innern des Gebildes aufhalten und brüllen.

Die Kindergruppe befindet sich in einer Ecke des gleichen Raumes und hält sich noch versteckt hinter Zweigen, Tüchern, Sportgeräten als Barrikaden... Man fühlt sich als Sippe (evtl. Verkleidung) und plant den Angriff . Vorsichtig schaut man aus dem Versteck und verbalisiert noch einmal all die furchterregenden Seiten des Tieres:

> "Diese schrecklichen Augen!" "Die vielen gefährlichen Stacheln!" "Schau einmal die spitzen Zähne an!" ...

Die "Sippe" ist hungrig und spricht auch darüber:

> Die "Kinder der Sippe" schreien: "Wir haben Hunger!" Andere schauen vorsichtig nach dem Ungeheuer: "Ein saftiges Fleisch, aber.. gefährlich..!" ..

Man vollführt atavistische Rituale:

> Das Tier wird gebannt, indem man es mit Kreide auf den Fußboden oder an die Wand malt. Alle vollführen einen Kriegstanz mit viel Blechdosengetrommel und Geschrei. Man trampelt auf der Kreidezeichnung herum oder bewirft diese schreiend mit Holzstücken o.ä.
>
> Man einigt sich vielleicht sogar auf einen gemeinsamen, von allen akzeptierten Kriegsruf mit einem einprägsamen Rhythmus, der beim Angriff gerufen wird, z.B.
>
> > "U, A, Hurra, los!"

Alles wird auf den Höhepunkt, den Angriff hin vorbereitet. Der Angriff selbst kann ohne "Kriegsgerät" erfolgen. Dies hat den Vorteil, daß es zum "Hautkontakt" mit dem Tier kommt. U.U. verbessern jedoch ausgewählte Utensilien wie Wurfkissen, Schaumstoff- Schlagrollen, Pappröhren .. die Wirkung. Diese Geräte sollten auf jeden Fall ungefährlich sein und trotzdem möglichst Schlaggeräusche abgeben. Das ist bei Hohlkörpern und manchen Gegenständen mit großflächiger Verformbarkeit der Fall.

Und noch ein Aspekt:

Abgeschlagene und weggebrochene Teile werden "nach Hause" getragen und "über einem Feuer gebraten". Danach "ißt man schmatzend das Fleisch" und stößt urtümliche Laute aus.

Variante:

> Das wilde Tier wird lediglich angebrüllt und vertrieben. Die "Vertreibung" kann jedoch nur gelingen, wenn zuvor im Hinterhalt die Aggression gebündelt aufgestaut wurde. Dies muß geübt werden:
> Die Kinder holen tief Luft, verkrampfen sich und stehen starr vor Anspannung hinter der Verdeckung. Auf das Zeichen des Anführers hin lassen sie schlagartig ihrem aufgestauten Kampfgeist freien Lauf.

Inhalte:

> Die Gestaltung eines Angstobjekts (plastische Gestaltung, Malerei) bindet die Urängste an dieses Objekt.

> Die aggressiven inneren Impulse werden nicht aufgestaut oder verdrängt, sondern in natürlicher Weise abreagiert

> "Der Verzehr des Fleisches" verleiht Selbstsicherheit, da man sich hierdurch die Kräfte des Angstobjekts aneignet und nun selbst stark ist.

> Die Bildung "früher" Sozialformen zur Abwehr eines gemeinsamen Feindes kann auch zu Hierarchienbildungen innerhalb der "Sippe" führen. Diese stets sich erneuernde soziale Orientierung ist wünschenswert.

> Die im sozialen Kontext produzierten Urschreie und Lautbildungen sind trotz ihrer Elementarität verstehbare Ausdrucksweisen. Sie werden mit den eigenen Gefühlen verknüpft und von der Gruppe unmittelbar verstanden.

> Durch die Ritualisierung bestimmter Handlungen lernen die Kinder erste "Sprachen", die ontogenetisch erahnen lassen, wie konventionalisierte Sprachen entstanden sind.

Spiel:

"Die Affen ernten Kokosnüsse"

Während die Kinder beim letzten Spiel als "Jäger" aktiv wurden, ist bei diesem Spiel auch der "Sammler" im Menschen angesprochen. Die Identifikation mit dem Affen und die soziale Formierung der Affenhorde spricht das Animalisch-Elementare an. Die Konfrontation mit einer anderen Affensippe, die sich im gleichen Revier befindet, schafft notwendigerweise Feindschaft, da in der Spielsituation die Ernährung beider Horden nicht sicherzustellen ist.

Vergleich mit Sportspielen:

Zum besseren Verständis des therapeutischen Charakters dieser Spiele ist hier der Vergleich mit den üblichen schulischen Sportspielen angebracht: Auch Sportspiele sind meist lebhaft und besitzen einen Wettbewerbscharakter, der regelhaft festgelegt ist. Die Bedeutung vorliegender Spiele liegt jedoch in der massiven innerpsychischen Steuerung und der **dialogischen** Abstimmung mit der Außensteuerung. Regeln sind nicht vorweg ausformuliert, sie ergeben sich vielmehr aus der aktuellen Situation. Die auf **Körper- und Sprachausdruck** gerichteten Aktivitäten sind **ganzheitlich integriert** in ein soziales Geschehen und führen letztlich zu einer **begründeten Kanalisierung von Aggressionen**. Das "frühe" Ausleben dieser Aggressionen kann einen verhängnisvollen Stau negativer Gefühle verhindern, soll aber auch die Basis für spätere **Kooperation und Interaktion** schaffen.

Der Spielablauf:

In einer Turnhalle wird ein "Urwald"-Parcours aufgebaut: Langbänke sind die Urwaldwege durch Sümpfe; blaue Matten sind Flüsse, die es zu überwinden gilt. An manchen Stellen hängen "Lianen" (Seile) von den Bäumen, an denen sich die Affen über gefährliche Hindernisse schwingen können... Hoch oben in den "Bäumen" (Kletterwand, Netz, Kasten..) "hängen die Kokosnüsse" (Schlagbälle, vielleicht auch grössere Bälle).

Zwei Affenhorden (unterschiedliche Trikots oder sonstige Kennzeichnungen) sind im gleichen Revier. Es kommt zum "Brotneid", da die Zahl der "Kokosnüsse" begrenzt ist. Beide Gruppen versuchen, möglichst viele "Kokosnüsse abzuernten", um diese ins jeweilige Lager zu bringen. Ein Teil der Affen versucht natürlich, der jeweils anderen Horde "Kokosnüsse wegzunehmen". Dies gelingt am besten mit Gekreische und Geschrei.

Einige Regeln gilt es einzuhalten:

Wer ins Wasser oder in den Sumpf fällt, muß seine Kokosnuß dem Gegner geben.

Kokosnüsse, die ins Wasser/ in den Sumpf gefallen sind, gelten als verloren.

Die Kokosnüsse in den Lagern können von den Gegnern nicht mehr weggenommen werden.

Hinweis:

Die Schüler sollten vor Spielbeginn schon über gewisse Erfahrungen mit den Geräten verfügen.

Die gegnerischen Mannschaften sollten ungefähr gleich stark sein. Körpergeschick und Gruppengeist sollten in beiden Mannschaften vergleichbar sein.

Inhalte:

siehe oben

Die Kinder sollten sich mit ihrer "Wir"- Gruppe (eigene Horde) identifizieren können. Auch die Abgrenzung von der "Ihr"- Gruppe (gegnerische Affenbande) sollte gelingen.

Die Verknüpfung von Bewegung, Stimme und Lautbildung geschieht nach denselben ganzheitlichen Kriterien wie beim letzten Spiel. Auch werden Drohgebärden und ärgerliche Schreie sinnvoll gebunden.

Fortführung:

Die Regenzeit naht, die Wege werden so nach und nach unbegehbar. Die beiden Horden erkennen konkret, daß sie alle verhungern werden, wenn sie sich nicht gegenseitig helfen. Daher richtet man ein gemeinsames Lager ein und sucht zusammen nach Strategien. Die Notlage kann sich während des Spiels auch ständig erhöhen: Unwegsame Pfade müssen gesperrt werden, die Zeitvorgaben werden immer mehr verknappt – gegenseitige Hilfe wird unabdingbar.

Neue Inhalte:

Die Kinder identifizieren sich verstärkt mit der Sachproblematik. Der Sachzwang führt zur Verständigung zwischen beiden Gruppen. Ein Helfersystem wird aufgebaut.

Verschiedene Formen der **Verständigung** werden erprobt:

"Absprachen" auf rein körperlich handelnder Ebene – konkrete gemeinsame Tätigkeiten, Gestik und Mimik

"Absprachen" unter Einbeziehung vokaler Dialoge – Prosodie und Lautbildung

Einbeziehung einfacher verbaler Handlungen, die auch formelhaft sein dürfen, etwa: "Soll ich dir helfen?" "Ja, du sollst mir helfen!" (Bei diesem Satzmuster kann die Verb-Endstellung durch das Modalverb beibehalten werden!)

B. REGRESSIONEN ZULASSEN

Ein jedes Handeln, auch das sprachliche, setzt ein Urvertrauen (Erikson) voraus, das aus der Situation der Geborgenheit und Sicherheit entspringt. Die nun folgenden Übungen sind Regressionen, d.h. Rückzugshandlungen, die für ein positiv-elementares Erleben von Emotionen freimachen sollen.
Lautlich-sprachliche Erscheinungen werden auch hier nicht erzwungen. Vielmehr geht es um die Anregung der Vitalfunktionen, um eine Aktivierung von Atmung und Stimme. In der Folge sind spontane Lautgebungen wahrscheinlich und wünschenswert.

Spiel:
"Meine Urhöhle"

Eines oder mehrere Kinder gehen frei in einem Zimmer oder einem kleinen Garten umher und suchen nach einem Ort, an dem sie sich wohlfühlen. Wenn sie meinen, die richtige Stelle gefunden zu haben, so legen sie dort Decken, Teppiche.. aus und prüfen in entspannter Position, ob sie sich wirklich für den gewählten Platz entscheiden wollen. Zunächst sucht sich jedes Kind einzeln seinen Lieblings-Standort. Jetzt werden "Höhlen" (oder "Nester") gebaut. Für viele Kinder wird ein weicher und nestartiger Untergrund wichtig sein. Einige wollen aber auch Abdeckungen nach oben (Schachteln, Tische). Die "Höhlen" besitzen meist eine Öffnung in eine bestimmte Richtung und sind innen nicht ganz dunkel.

In der "Höhle" werden die mitgebrachten Lieblingsspielsachen und Identifikationsobjekte ausgelegt. Man spielt auch gerne in seinem "Haus", bastelt, "kocht", liest und **unterhält sich** mit ausgewählten Freunden.

Um sich sicher zu fühlen, brauchen einige Kinder auch "Gärten" und "Zäune" um ihre "Häuser" herum.

Man erprobt, wie **sicher sich die Kinder in ihren Häusern fühlen**, indem man "wilde Tiere um die Häuser herumlaufen läßt" oder aber mit angenehmen Traumgeschichten zur vertieften Entspannung führt.

Allerlei Materialien werden eingesetzt, um die "häusliche Situation" besser den eigenen Vorstellungen anpassen zu können. Auch Materialien aus Rhythmikräumen wie Seile, Stäbe, Reifen.. sind begehrte Objekte. Abfallmaterialien wie Riesenschachteln, Tapeten- oder Stoffreste.. sind grundsätzlich gute Hilfsmittel, von den "Leihgaben" aus den Elternhäusern einmal abgesehen.

Es soll schließlich noch erwähnt werden, daß bei der Auswahl der Räumlichkeiten sowohl an die Lagerung der Utensilien als auch an die Möglichkeit einer mehrtägigen Beibehaltung und Nutzung der "Höhlen" gedacht werden sollte.

Manche Problemkinder brauchen noch intensivere Ausstattungen. Die Regression gelingt besonders gut mit einem Wasserbett, wie es heute von einigen Sonderschulen angeschafft wird. Über dieses Bett spannt man sinnvollerweise ein Zeltdach. Ein Rotlicht im Innern solcher Urhöhlen wird als angenehm empfunden.

Große Lehrmittelhäuser bieten Wasserbetten an, die elektroakustisch in Schwingungen versetzt werden können. Die Beschallung mit meditativer Musik oder auch mit herztonartigen Rhythmen läßt an vorgeburtliche Zustände erinnern. - Dies schafft u.U. erstmals ein Urvertrauen und kann auch für autistische oder stotternde Kinder zum Schlüsselerlebnis werden.

Als feinfühliger Therapeut wird man jedenfalls beobachten und situativ prüfen, ob schwierige Kinder in ihrer Urhöhle erst einmal allein gelassen werden wollen, ob sie als "Vogel im Nest gefüttert" oder mit großen Federn gestreichelt (Faszilation zur Anregung der Flächenmuskulatur) werden wollen.

Im allgemeinen erfüllen die etwas einfacheren "Höhlen" unsere Anforderungen. Sind diese einmal eingerichtet, "hat das Individuum seine Persönlichkeit geordnet", so rückt die Nachbarschaft ins Blickfeld. Mit Seilen, Stäben und allen möglichen Materialien möchten viele Kinder verschiedene Straßen zu "Höhlen" anderer Kinder bauen. Befreundete Kinder ziehen gerne zusammen, bringen aus der eigenen "Höhle" Geschenke mit und **unterhalten** sich. Der Lehrer wird gut daran tun, sich in dieses Kommunikationsgeschehen in geeigneter Weise natürlich einzubringen. Voll planbar und auf 45-Minuten-Einheiten zu portionieren sind diese "Lernfelder" nicht. Die Beobachtung der Kinder, die Wahrnehmung ihrer sprachlichen Prozesse und die Einbeziehung der situativen Gegebenheiten (Sachsituation, soziale Gegebenheiten, Bewegungshandlungen..) wird wohl als ganzheitliches Bild diagnostisch von Bedeutung sein . Aus systemischer Sicht wird der Lehrer ein wichtiger Faktor sein, wenn er es versteht, sich selbst zu integrieren; wenn also die Kinder den "modellierenden" Lehrer nicht künstlich empfinden.

Inhalte:

Die Kinder orientieren sich im Raum und erschließen ihre Teilräume.

Sie gestalten ihre Regressionsräume frei und eigenmotiviert. Sie fühlen sich wohl in ihren Räumen und bauen Ich-Identitäten auf, indem sie ihre Räume individuell ausstatten, sich in diesen Räumen entspannen und an Sozialkontakte denken.

Sie beziehen die Regressionsräume der anderen Kinder mit ein, indem sie Verbindungsstraßen bauen, sich gegenseitig besuchen und sich gemeinsam entspannen, vielleicht "kuscheln".

Als Lehrer regen wir vorsprachliche Aktivitäten an, z.B. Urlaute wie Schmatz- und Sauggeräusche bei "Fütterungen im Nest"; Schnarchen und Glucksen bei Faszillationen mit Federn; wohlige Lautbildungen bei intensiver Entspannung...

Als Lehrer regen wir Interaktion und Kommunikation an, indem wir uns selbst einbringen und von den Kindern als Mitspieler angenommen werden. Die Haltung des Modellierens ist kein Additivum, sondern integraler Bestandteil des Spielgeschehens.

25

3. DAS HÖREN

Ein Sprachaufbau kann nur dann gelingen, wenn auch die auditiven Funktionen intakt sind. Hierbei denken wir erst einmal an die **Aufnahme** von Höreindrücken und beschränken uns natürlich nicht nur auf das Hören von Sprache.

Als Pädagogen fragen wir aber sofort weiter nach der **Verarbeitung** dieser Höreindrücke, die letztlich auch **gespeichert** werden müssen.

Wir erkennen also deutlich die enge Beziehung zwischen den organischen und neuronalen Funktionen. Ein gewichtiger Faktor ist aber auch die seelische Struktur des Kindes, ohne die eine Vernetzung dieser Prozesse unmöglich ist.

Hieraus resultiert eine **förderdiagnostische Grundhaltung**, die Abstand nimmt vom alten Prinzip nach dem mechanistischen Motto: " ›Zuerst‹ diagnostiziere ›ich‹, ›danach‹ leite ›ich‹ eine Therapie ein!" Der Lehrer ist ein Teil des **ganzheitlichen Beziehungsgeflechts**. Als systemischer Begleiter bezieht er stets alle Faktoren mit ein, denn

* was ist los, wenn ein hörfähiges Kind nicht auf das Gehörte reagieren will?

* wie sind die pädagogisch-therapeutischen Konsequenzen auf einen physiologisch objektiven Hörtest, der eine partielle Verminderung der Hörfähigkeit in einem bestimmten Frequenzspektrum nachweist?

* Über- oder Unterforderung bei der Verarbeitung bzw. Speicherung sind auch bei intakter Aufnahme möglich!

* positive Formen der Verarbeitung verbessern auch die Speicherung (affektiv anregende Hörinhalte, motorisch und sensorisch verknüpfte Hörimpulse, entwicklungsgerechte kognitive Anforderungen) !

* wie beeinflußt die Lehrerpersönlichkeit das Geschehen mit?

Diese oder ähnliche Fragestellungen sind uns heute zwar nicht mehr fremd. Dennoch: Haften wir in unserer Praxis nicht noch an alten Mustern und denken nicht in globalen Zusammenhängen ? Die Wissenschaft gibt uns ebenfalls neue Leitlinien, indem von Spontansprachproben und entwicklungsproximalen Sprach-Lernprozessen die Rede ist.

Einfach hat es der Praktiker allerdings nicht. Er ist sozusagen "integrierter Beobachter", der mögliche Entwicklungshemmungen in den vorliegenden Situationen erkennt und zugleich als Beteiligter ("inter-esse") mitwirkt. Er fragt also nicht nach der "Schuld", sondern denkt, handelt und fühlt in Gesamtbezügen.

Wenn nun der Bereich des Hörens soeben nicht immer im zentralen Blickfeld war, so liegt dies an dem ganzheitlichen Anspruch, der es unmöglich macht, auch nur einen Teil isoliert hervorzukehren. Vielmehr sollte eben der Aspekt des Hörens als Teil "das Ganze" veranschaulichen. Auf diesem Wege wird auch verständlich, warum die "Wahrnehmung vibratorischer Körpereindrücke" dem nun folgenden Abschnitt bei aller Unschärfe zugeordnet wird.

A. DIE WAHRNEHMUNG VIBRATORISCHER EINDRÜCKE

Grundlegung:

In gleicher Weise, wie sich beim Menschen die Lungen- und Hautatmung gegenseitig ergänzen, so erfaßt er auch Schwingungen seiner Umwelt sowohl über sein Gehör als auch über seinen Körper.

Wir sind es heutzutage nicht mehr gewohnt, feine vibratorische Eindrücke über unseren Körper wahrzunehmen. Die groben Sensationen bei lautstarker Disco-Musik, im Großstadtverkehr und in manchen Fabriken sorgen für eine regelrechte Abstumpfung.

Die ganzheitliche Erfassung sehr feiner Schwingungen sollte jedoch das Kind aus diesem Grunde wieder erlernen. Sowohl im eigenen seelischen Interesse als auch aus pädagogischer Motivation heraus sollten wir Erwachsenen uns ebenfalls um eine Verfeinerung unserer auditiven Wahrnehmung bemühen. Wir werden ganz sicher gleichfalls unseren Spaß bei den nun folgenden Spielen haben.

Dieses feine Erfassen von Schwingungen war in früheren Kulturen von lebensnotwendiger Bedeutung. Bezüglich kindlicher Entwicklungen sei angemerkt, daß auch beim Sprechen ein kinästhetisches Erspüren stimmlicher und lautlicher Vibrationen die Eigenwahrnehmung erheblich verbessert und somit auf die sprecherischen Leistungen einen entscheidenden Einfluß ausübt.

Spiel:
"Der schlafende Löwe"

Folgendes Spiel ist spannend und sehr beliebt. Ein Kind spielt in der Mitte eines Kreises einen schlafenden Löwen (Hund, Ungeheuer, Wächter..). Es liegt mit verschlossenen Augen flach auf einem schwingungsfähigen (Holz-)Boden. Auch die Handflächen und ein Ohr liegen in enger Verbindung zum Boden auf. Besonders geeignet sind Schwing-Fußböden, wie wir sie in Turnhallen finden.
Wenn der "Löwe" auf einer Matratze, einem Luftkissen, einem Wasserbett .. liegt, so führt dies beim Betreten zu so erheblichen Erschütterungen, daß auch ein wahrnehmungsschwaches Kind erfolgreich sein wird.
Nun versuchen die anderen Kinder, in unregelmäßigen zeitlichen Abständen und aus unterschiedlichsten Richtungen kommend am "schlafenden Löwen" vorbeizukommen. Wer erwischt wird, spielt bei der nächsten Runde den Löwen.
Das "Knurren des Löwen" mit dem Laut "R" sollte immer dann zu hören sein, wenn dieser die Erschütterungen des Bodens verspürt. Die gespürten Vibrationen des Fußbodens werden somit auf auf den Mundraum übertragen und bei diesem Laut auch dort kinästhetisch erfahren.

Spiel:
"Der hilfreiche Riese"

Die "Zwerge sind erblindet, weil ein böser Zauberer sie heimgesucht hat". Sie liegen in der Mitte einer Turnhalle mit federndem Holzboden . Ihre Körper liegen möglichst großflächig auf, so daß die Schwingungen des Bodens gut erfaßt werden können. Ein Kind mit weichen Wollsocken spielt den Riesen und stampft unregelmäßig und – je nach Wahrnehmungsfähigkeit der Kinder – mit unterschiedlicher Stärke in näherer oder weiterer Entfernung um die "Zwerge" herum auf. Der "Riese" hat zu entscheiden, ob der eine oder andere "Zwerg" ihn erspürt hat. Wenn dieser in die richtige Richtung zeigt oder ihn berührt, wird er vom "hilfreichen Riesen" von seinem Zauber befreit.

Spiel:
"Die Spinne im Netz"

Die Kinder befinden sich im Sitzkreis. Sie werfen sich gegenseitig ein Wollknäuel zu, halten jedoch stets mit einer Hand die Wolle fest. Da in alle möglichen Richtungen geworfen wird, entsteht letztlich ein schönes "Spinnennetz", dessen Enden von allen Kindern gehalten werden.
In der Mitte des Kreises sitzt "die Spinne". Sie greift nun in erreichbarer Nähe mit den Händen , den bloßen Füßen und womöglich mit dem Mund die Wollfäden auf und schließt die Augen.
Die Kinder im Sitzkreis sind nun "die Fliegen, die sich im Netz verfangen haben". Sie ziehen an unterschiedlichsten Stellen von außen an ihren Fäden. Die "Spinne" muß erraten, wer "die Fliege" war. Gelegentlich werden die Rollen ausgetauscht, nachdem das Netz zuvor vorsichtig unter Beibehaltung der Spannung auf den Boden gelegt wurde.

Fortführung:

Man kann auch mit bloßen Füßen das am Boden ausgelegte Netz abgehen und versuchen, dies ohne visuelle Kontrolle zu tun.

Inhalte:

Die Kinder nehmen immer feinere Schwingungen als taktile Reize wahr .

Sie synchronisieren automatisch Gehörtes und Gespürtes, weil diese feinen Schwingungen der Materie (z.B. schwingender Fußboden) oft auch zugleich über die Luft gehört werden .

Sie werden sensibel für den Schwinglaut "R", der – etwa beim Knurren als Löwe oder beim Brüllen des R..iesen – simultan gebildet wird.

Die Körperwahrnehmung wird gefördert, wenn "die Spinne im Netz" erkennen soll, an welchem Körperteil die Erschütterung zu spüren ist. Auch das barfüssige Abgehen des ausgelegten "Spinnennetzes" verfeinert die taktile Erfahrung.

B. DIE WAHRNEHMUNG NICHTSPRACHLICHER GERÄUSCHE

Grundlegung:

Das Hinhören auf die feinen Geräusche der Umgebung sollte grundsätzlich Prinzip unseres Tuns sein. Wer immer wieder zum Lauschen die Fenster öffnet, bei einer Wanderung mit offenen Ohren innehält oder besonders auch feine Geräusche wie platzende Seifenblasen wahrnimmt, der wird sensibler für die Welt des Hörens; dem erschließt sich vielleicht sogar eine neue und interessante Welt.
Schon kleinere Fünf-Minuten-Lauschpausen, bei denen das Kind seine Hörschwelle immer wieder auslotet, sind ein großer Gewinn. Größere Einheiten sind jedoch ebenso einzuplanen.

Spiel:

"Was hörst du da?"

Verschiedene Gegenstände wie Löffel, Messer, Teller.., Bleistift, Lineal, Spitzer.., Auto, Puppe, Kreisel.. werden zunächst einmal offen ausgelegt, betrachtet und vielleicht mit einem Stäbchen angeschlagen. Nachdem diese Materialien hinter einer Verdeckung verschwunden sind, erkennen die Kinder diese Gegenstände nur noch an deren Geräusch beim Anschlagen.

Inhalte:

Die Kinder sollen sich die Geräuschqualität der angeschlagenen Gegenstände einprägen und diese anschließend nur an ihrer Klangcharakteristik wiedererkennen. Es ist zu beachten, daß sehr ähnliche Geräusche bei ungeschulten Kindern zu Verwirrungen führen können; z.B. kann das Geräusch eines kleinen und mittleren Tellers nicht differenziert werden.

Mit einiger Übung können hochtonige, mitteltonige und tieftonige Geräusche voneinander unterschieden werden. Auch die Dimensionen "laut und leise", "rauh und glatt", "lang und kurz" sind interessante Diskriminierungsprinzipien.

Ein weiteres Unterscheidungsmerkmal wäre eine pragmatisch-kognitive Differenzierung, bei der Gegenstände, die nicht in den Zusammenhang passen, herauszufiltern sind, z.B. der Löffel, welcher aus der Reihe der Spielzeuge herausfällt, oder die Puppe, die kein Schreibzeug ist...

Varianten:

"Haushalt-Natur-Verkehr"

Ein Kassettengerät wird eingeschaltet. Der Lehrer hat zuvor von einer handelsüblichen Geräuschkassette einige typische Geräusche aus Haushalt, Natur oder Verkehr kopiert.
Die Kinder haben die Aufgabe, die gehörten Geräusche einer dreispaltigen Tabelle zuzuordnen. Kleinere Kinder erhalten Bilder, die sie auslegen können, die größeren unter ihnen schreiben die Namen der Geräuscherzeuger in die richtige Spalte der Tabelle, z.B. Mixer zu Haushalt; Regen zu Natur und Lastauto zu Verkehr.

"Wir gestalten Geräuschgeschichten"

Ein Hörspiel ohne Sprache wird auf Kassette aufgenommen. Dieses Spiel kann einerseits vom Lehrer selbst gefertigt werden. Aber auch Kinder können einfache Geschichten eigenständig gestalten, z.B. "Mein Tagesablauf"; "In der Fabrik"... Diejenigen Kinder, welche die Geschichten dann abhören, haben die Aufgabe, die Abläufe in Anschluß an das Hören möglichst lücken-los in der richtigen Reihenfolge wiederzugeben.

"Die Verkehrszählung"

An einer belebten Straße wird mit einem leistungsfähigen Kassettengerät ei-ne Bandaufnahme gemacht.
Zuhause erhalten die Kinder ein Blatt, wie es bei Verkehrszählungen ver-wendet wird. Sie schalten das Kassettengerät ein und zählen nach dem Ge-hör die Fahrzeuge. Am Ende dieser "Verkehrszählung" berichten die Kinder aufgrund ihrer Aufzeichnung, wie viele Personenkraftwagen, Lastautos, schwere und leichte Motorräder.. sie gehört haben.

C. DIE MUNDMOTORISCHE IMITATION NICHTSPRACHLICHER GERÄUSCHE

Grundlegung:

Je genauer und feiner Umweltgeräusche vernommen werden sollen, desto dringlicher wird eine Differenzierung dieser Geräusche. Wollte man aber verbal umschreiben, wie etwa ein Lastwagen klingt, so wäre dies selbst mit dem Wortschatz eines Er-wachsenen ein schwieriges Unterfangen.
Wie viel einfacher ist es da, ein gehörtes Geräusch einfach zu imitieren und viel-leicht auch das entsprechende Objekt grobmotorisch darzustellen. Dieses **"aktive Hö-ren"** macht Spaß, weil die Aufgabenstellung aus kindlicher Sicht im Rahmen des Spiels durchaus sinnvoll ist.
Die Kinder lernen ohne Blockade durch ermüdende Versprachlichungen, sich flexibel auf stets neue Geräuschqualitäten einzustellen, genau hinzuhören und das Gehörte umgehend mit den eigenen sprechmotorischen Mitteln wiederzugeben. Wir als Er-wachsene erhalten hierbei außerdem eine wirksame und schnelle Möglichkeit der Kontrolle.

Spiel:

"Wir spielen Hörgeschichten"

Eine Geräuschgeschichte, die entweder zuvor von einer Kassette abgehört wurde oder aber selbst erfunden wurde, wird nun in Gruppen gespielt. Die Geräuschqualitäten sollen hierbei möglichst treffend mit dem Mund nachgeahmt werden. Auch der zusätzliche Einsatz von Körperaktivitäten wie Patschen, Klatschen, Stampfen, Schlurfen, Reiben.. wäre denkbar.
Die Gestaltungen der einzelnen Gruppen werden aufgezeichnet und miteinander verglichen. Auch Verbesserungen sind noch möglich.
Abschließend vergleicht man die gestalteten Ergebnisse mit dem Original.

Hinweis:

> Bei der mundmotorischen Umsetzung der Geräusche geht es nicht um die Suche eines lautsprachlichen Äquivalents. So kann mit einer schnalzenden Zunge ein tropfender Wasserhahn oder ein Pferdegetrappel imitiert werden. Ein genäselter Rachenlaut klingt wie eine Schiffssirene... Unterstützen wir einfach die Experimentierlust unserer Kinder!

Inhalte:

> Beim "aktiven Hören" handelt es sich eigentlich um ein Hören nach außen **und** nach innen.
> Zuerst werden die Außengeräusche **gehört**, wobei die Abläufe in der Geschichte als sinnvoll eingestuft werden und so **verarbeitet** werden können. Die vertrauten Geräusche können in der als richtig erkannten Reihenfolge nun auch **gespeichert** werden.
> Diese Speicherung klappt jedoch besser, wenn die Geräusche jetzt mit den mundmotorischen Mitteln nachgeahmt und **verglichen** werden. Das Eigenhören dieser ständig sich verbessernden "Laut"-Produktionen und der Vergleich mit dem Originalgeräuschen kann als wertvoller **Regelkreis** betrachtet werden . Auch beim Erwerb unserer konventionalisierten Sprachlaute läuft ein ähnlicher Prozeß ab.

D. DAS BEWUSSTE HÖREN VON SPRACHE

Grundlegung:

Um das Hinhören verstärkt auf Lautsprache zu lenken, denken wir vor allem an ungewohnte Arten der Eigenwahrnehmung und an Kommunikationsformen, die sich eines spielerischen Mediums bedienen. Auf diese Weise wird auch die Fremdwahrnehmung verbessert.

Spiel:

"Maskenspiele"

Schon in der Antike hatten Masken eine besondere Bedeutung: Der Schauspieler sollte "durch die Maske tönen" (personare).

Wenn sich Kinder ihre Lieblingsmaske aufsetzen, die sie vielleicht selbst gebastelt haben, dann erkennen wir häufiger als sonst ein Stück ihrer Persönlichkeit ("personare").

Selbst das sprechgehemmte oder stotternde Kind wirkt im allgemeinen gelöster und ausdrucksstärker, wenn es seine favorisierte Rolle als Fabel- oder Märchenwesen, als Tier, als Rocksänger.. spielen darf.

Eine weitere schwerpunkthafte Leistung des "Hinter-der-Maske-Sprechens" ist aber in diesem Kontext das **Eigenhören**.

Insbesondere bei geschlossenen Kopfmasken ohne Augen- und Mundöffnungen hört sich das Kind deutlich selbst sprechen und wird nicht durch optische Eindrücke abgelenkt.

Seine Lautsprache verhallt nicht irgendwo im Raum, sondern wird auf direktem Weg ans eigene Ohr gelenkt. Durch Schwingungen der Maske beim Sprechen entsteht sowohl ein Eigenhören über die Knochenleitung als auch eine vibratorische Lauterfahrung.

Auch die Atmung und Veränderungen der Gesichtsmimik können bei geeigneter Ansprache bewußt gemacht werden.

Spiel:
"Die Sprache der Außerirdischen"

Viele von uns kennen aus ihrer eigenen Kindheit das faszinierende Stimmverfremdungs-Spiel mit einem dünnen Blatt Papier, welches beim Singen oder Sprechen vor den Mund gehalten wird. Man zählt z.B. rückwärts "..three, two, one, zero" und das dünne Blatt gerät durch die Sprachschwingungen selbst in Vibration. Womöglich ist das Blatt noch als Raumfahrermaske ausgestaltet (s. letztes Spiel) und schon fühlt sich das Kind als Kommandant eines Raumschiffes...

In ähnlicher Weise kann man auch "über einen Kamm blasen", der das dünne Papier straffer hält und die Effekte verbessert.

In Spielwarengeschäften oder Musikalienhandlungen kann man auch das sog. Kazoo käuflich erwerben, das nach dem gleichen Prinzip arbeitet und manchmal in der Form eines Saxophons geliefert wird.

Alle genannten Geräte verändern den Stimm- und Sprachklang erheblich und führen zu Verfremdungseffekten, was eigentlich immer auf das Interesse der Kinder stößt. Wegen der geringeren Prägnanz der Sprache wird im allgemeinen auch viel **deutlicher artikuliert**, vor allem, wenn man sich im Interaktionsspiel anderen gegenüber verständlich machen will.

Es sei noch erwähnt, daß die Vibrationen des dünnen Papiers sehr intensiv auf den Lippen gespürt werden. Dies verbessert die lautbildnerische Bewußtheit erheblich. Die Flächenmuskeln im Mundbereich werden zudem massiert und gelockert.

Spiel:
"Die Höhle des Zauberers"

"Den Raum hören", so nennt der große Geisteswissenschaftler Hugo Kükelhaus die erlebnisreiche Erfahrung, wenn man z.B. in einen tiefen Brunnenschacht ruft.

Im Grunde genommen eignet sich für derlei raumakustische Sprechklangerfahrungen jedes Felsloch, eine Öltonne oder auch ein Eimer oder eine große Schachtel.

Es sind somit nicht nur die sicherlich besonders eindrucksstarken Echoeffekte unter einer Brücke, im Betonrohr oder im Gebirge, welche die Aufmerksamkeit auf Sprache lenken lassen.

Der "hallige" Sprechklang, der entsteht, wenn der Kopf in einen Blecheimer gesenkt wird oder aber der ziemlich "dumpfe" Laut in einer großen Schachtel sind beeindruckende Naturphänomene.

Sehr magisch klingen Zaubersprüche, wenn sie in ausgewählte Resonanzräume "hallig-blechern" gesprochen werden können. Also sprechen wir in eine Öltonne hinein und wundern uns, wie schnell man "zum Zauberer wird":

"Hokus, pokus, fidibus, dreimal schwarzer Kater.."

Die Merkmale des Zauberspruch-Sprechens werden dem Kind schnell bewußt. Man versteht nur etwas, wenn man sehr langsam und deutlich spricht und die Vokale dehnt. Hierdurch wird der Zauberspruch automatisch rhythmisch und klingt feierlich. Im Gegensatz hierzu entsteht bei einer polternd überhasteten Sprache ein unverständlicher "Wortsalat".

Die "Höhle des Zauberers" ist also nicht nur ein Übungsraum "für den Zauberer", sondern vor allem für das stotternde und polternde Kind. Aber auch bei Aussprachestörungen sind Spiele dieser Art geeignet.

Variante:

Vergrößert man die Ohrmuscheln mit den beiden Handflächen, so kann der "Zauberspruch" ohne weitere Hilfsmittel auch in die Ecke eines Raumes gesprochen werden. Die Handkanten werden also an den Wänden angelegt, dann wird gesprochen. Zwar erscheint bei dieser Variante der Sprachklang eher unverfälscht wie beim " Maskensprechen" (s.o.). Der "Zauberlehrling", welcher ebenfalls in der Ecke mit derselben Pose steht, wird aber den Spruch so besser aufgreifen und wiederholen können.

Spiel:
"Wir telefonieren"

Bei diesem Spiel geht es um die bewußte Wahrnehmung fremder Lautsprache. Besonders geeignet sind alle Arten von Telefon-Spielen. Man bedenke, daß hier alle körpersprachlichen Zusatzinformationen ausgeschlossen sind und selbst beim technisch ausgereiften Posttelefon die Prägnanz (Stimmklang, Sprechmelodie, lautliche Klarheit) eingeschränkt ist.
Dies zwingt den Empfänger einerseits zu genauem Hinhören auf die Lautsprache. Andrerseits ist auch der Sender verpflichtet, deutlich und prosodisch ausgewogen zu artikulieren .

Bei der Verwendung von **Heulschläuchen oder Pappröhren** als Telefone ist zu beachten, daß sich die Kinder nicht gegenseitig anschauen, vielleicht sogar die Augen schließen. Es ist reizvoll, eine Information mit mehreren Schläuchen/Röhren als "Kettennachricht" weiterzuleiten.
Bildet man zwei Kindergruppen, so kann die gleiche Nachricht über zwei Leitungen ausgegeben und festgestellt werden, "welche Telefonleitung besser ist". - Zwei unterschiedliche Nachrichten können sich andrerseits gegenseitig ergänzen: Der Sender gibt z.B. die beiden Wörter "Kröten" und "essen" aus. Der Empfänger wird die Wörter syntagmatisch assoziieren und nicht sehr erfreut sein. Eine pantomimische Bewegung wird zeigen, ob er überhaupt verstanden hat.

Das **Schnurtelefon** ist ein beliebtes Spielgerät, das selbst hergestellt werden kann: Die Böden zweier leerer Blechdosen (ohne Deckel) werden in der Mitte durchlöchert. Führt man eine Schnur (einen Draht) durch diese Löcher und verknotet die Enden der Schnur, so braucht man die "Leitung" nur noch gespannt zu halten.
Beim Hineinsprechen in die eine Dose gerät deren Boden in Schwingungen, die sich über die Schnur bis zum anderen Dosenboden hin fortsetzen. Der Empfänger, welcher in seine Dose hineinhört, vernimmt die Lautsprache des anderen.

Angesprochen seien in Kürze noch die normalen **Raum- und Haustelefone** und auch **Sprechfunkgeräte**.

E. DAS BEWUSSTE HÖREN VON SPRACHE ALS WEG ZUM SPRACHLICHEN DEN-KEN

Grundlegung:

Interessante Gestaltungen setzen voraus, daß immer komplexere sprachliche Struk-turen verstanden, memoriert und in Tätigkeiten umgesetzt werden. Wenn wir die Kinder sprachlich "wecken" wollen, stellen wir uns einen konstruktiven Prozeß vor, bei dem die Triade von Denken, Handeln und Sprechen sich von der anfänglichen Priorität des Handelns wegbewegt, um am Ende die Tätigkeit des Sprechens zu be-tonen.

Dieser Aufbau soll hier einmal anhand von drei Spielen schematisiert werden. Es zeigt sich, daß zu Beginn die Handlung noch konkret nachvollziehend ist, während bei der dritten Übung das Kind auf allen sprachlichen Ebenen gefordert wird.

Spiel:
Märchen und phantastische Geschichten

Jägerlatein-Geschichten, Münchhausiaden und provokativ widersprüchliche Geschichten sind, wie auch Märchen, inhaltlich so anregend, daß Kinder sie gerne hören und nachspielen. Auch frei erfundene Geschichten wie "Wir besteigen den Berg des Zau-berers" oder "Der Besuch des Höhlenmenschen" gehören in diejenige Kategorie von Texten, die ohne besondere Ansprache zu konkreten Handlungen verleiten.

Meist prägen sich die Kinder das Gesprochene dann besonders gut ein, wenn sie si-multan die zentralen Inhalte nachspielen. Wir fördern aber auch das Gedächtnis der Kinder, wenn wir erst im Anschluß an den kurzen und elementar gefaßten Text szenisch nachgestalten lassen.

Varianten:

Die Kinder ordnen den Sprechtexten Bilder oder Bildreihen zu . Auch' das Malen der Geschichte im Anschluß erhöht den Anspruch der Kinder, genau hinzuhören.

Inhalte:

Das Hören von Sätzen und kurzen Texten wird mit der konkreten Handlung verknüpft. Diese Assoziation von Sprache und Handlung verbessert neben der bewußteren Wahrnehmung von Sprache auch das Denkvermögen der Kinder.

Je nach Intention wird auch die Merkfähigkeit gefördert, wenn
- Sprache und Handlung nicht gleichzeitig erfolgen
- die Sätze sukzessive immer komplexer werden.

Spiel:

"Wir reimen"

Kinder reimen nicht als "Lyriker". Sie freuen sich zwar auch über ihre klanglichen Gestaltungen, wichtiger sind ihnen jedoch die lustigen Inhalte. So sind Kettenreime semantisch erst einmal Zufallsgebilde, die das Nachdenken über Sprache und das Memorieren interessant machen. Wir kennen auch tradierte Kinderreime der Art: "Es war einmal ein Mann, der hatte einen Schwamm.." Da die Analogiebildung zur Spielregel gemacht wird, ist das Hören oberstes Prinzip. Die gestalterische Tätigkeit des Reimens weckt zugleich Phantasie bezüglich der Bedeutungen:

> " Es war einmal ein Hase, der rieb sich seine Nase.
>   Die Nase war recht klein, viel kleiner als beim Schwein..."

Anfangs sollte man jedoch das Spiel auf jeweils zwei Reimwörter begrenzen, z.B. "Haus - Maus". Diese können nach Bedarf sukzessive ergänzt und erweitert werden. Mit ihrer Phantasie werden die Kinder diese Wörter in immer neue Verbindungen bringen:

> "Die **kleine** Maus saust in das Haus.
> Die böse Katze zeigt ihre Tatze!"

> "Die **arme** Maus, die hat kein Haus.
> Die gute Schnecke schenkt ihr 'ne Decke!"

> "Die **mutige** Maus sitzt auf dem Haus.
> Sie springt vom Dach, direkt in den Bach!"

Inhalte:

Das Finden von Reimwörtern fördert die auditive und kinästhetische Wahrnehmung der Kinder.

Die Erfassung von Bedeutungen geschieht wie beim letzten Spiel durch Umsetzung in szenische Handlungen.

Der vielfältige und abwechslungsreiche Gebrauch der Reimwörter zeigt anhand der begleitenden Umsetzungen in Mikroszenen, daß einige unterschiedliche Geschichten erfunden werden können.

Schließlich fördern wir mit solchen Spielen auch die kreative Sprachkraft unserer Kinder.

Spiel:
"Kasperl erzählt Unsinngeschichten"

Viele von uns kennen noch die amüsanten Unsinngeschichten der Art: "Dunkel war's, der Mond schien helle, als ein Hase blitzeschnelle langsam um die Ecke schoß.."
Kinder fühlen sich, wenn die sprachlich-geistigen Anforderungen stimmen, von solchen Sprüchen provoziert und belustigt. Die Aufmerksamkeit ist ungeteilt auf den Unsinn ausgerichtet. Wenn wir uns als Lehrer auf diese "Welt des Unsinns" einlassen, werden wir sehr schnell zu Partnern unserer Kinder. Diese Form der Kom - munikation wird von ihnen gerne angenommen und kann - je nach therapeutischem Anliegen - auf phonologischer, morphologischer, syntaktischer, oder semantischer Ebene geführt werden.

Version a)   Phonologische Sprachebene

Kasperl spricht manche Wörter nicht immer richtig aus. Er erzählt von der "Retel" (anstatt "Gretel"). Zusammen mit ihr geht er gerne in die "Sule" (anstatt "Schule"). In der Pause essen beide gerne "Tuchen" (anstatt "Kuchen")...
Manches Mal verbessert sich der Kasperl selbst, aber oftmals müssen ihm die Kinder auch helfen.

Version b)   Morphologische Sprachebene

Alle Tiere kennt der Kasperl noch nicht. Er verwechselt sie auch gerne. Dies kann natürlich auch verhängnisvoll sein, wenn er z.B. das Krokodil mit dem Schäfchen durcheinanderbringt.
Besonders lustig ist es aber, daß er oftmals Tierwörter einfach "durcheinandermischt". Der "Elefant" und das "Krokodil" werden als "Eledil" und "Krokofant" bezeichnet.
Anregend ist hier auch die Zuordnung von Pappfiguren in Form von Mischbildern, bei denen z.B. das Vorderteil eines Krokodils zu dem Rückteil eines Elefanten gelegt wird.

Version c)   Syntaktische Sprachebene

Kasperl bastelt ein Auto. Bevor er die nächste Handlung ausführt, liest er aus seiner Bastelanleitung vor. Einige Sätze sind korrekt. Manches Mal liest er aber nicht vollständig und die Kinder müssen nachfragen, z.B.:
Kasperl: " Du brauchst !"   Kinder: "Was brauchst du denn?"
Kasperl: " Das Rad muß !"   Kinder: "Was muß (mit dem Rad geschehen)?"
Kasperl: " Hole noch einen!"   Kinder: "..meinst du vielleicht Hammer!"

40

Version d)   **Semantische Sprachebene**

Kasperl erzählt eine Geschichte vom "Fisch Fridolin". Kleinere Kinder sollten während der Erzählung den groben Handlungsrahmen auf der Kasperlbühne nacherleben können. Es schleichen sich in den Erzähltext einige Fehler ein: "Fridolin sieht einen Vogel. Er ›fliegt‹ ihm nach. Doch der Vogel hat es eilig. Fridolin ›bellt‹ ihm nach: So warte doch."

Viele Kinder werden auf ihrer (passiven) Sprachverständnisstufe den Unsinn sofort entlarven und sprachlich reagieren.

Inhalt:

Das sprachliche Denken auf den verschiedenen Sprachebenen tritt bei diesem Spiel eindeutig in den Vordergrund. Instrumentelle Begleithandlungen sind hingegen nicht mehr nötig oder von untergeordneter Bedeutung.

4. DIE ATMUNG

Grundlegung:

Grundsätzlich gilt für alle Atemübungen, daß sie nicht erzwungen sein sollten. Im allgemeinen funktioniert die Atmung nämlich autonom und braucht nicht bewußt gemacht zu werden. Insbesondere nach körperlicher Anstrengung stellt sich automatisch eine vertiefte und verbesserte Atmung ein, weshalb angemessene Formen sportlicher Betätigung bei anschließender Entspannung prinzipiell zu begrüßen sind.

Das Wichtigste ist zunächst einmal, daß wir unsere Kinder in verschiedenen Situationen bezüglich ihrer Atmung und Körperhaltung individuell beobachten. Wie atmen sie,

* wenn keine besonderen Anforderungen an sie gestellt sind,

* wenn sie in bequemer Ruhestellung einer meditativen Musik lauschen und entspannende Ruheformeln hören

* wenn sie geistig oder seelisch stark gefordert sind

* wenn sie sich körpersprachlich ausdrücken sollen oder sprachliche Leistungen erbringen sollen ?

Bei den letzten beiden Unterpunkten kommt es oft zu Überreaktionen, die nicht nur bei stotternden Menschen chronisch werden können . Zur Prophylaxe von Fehlatmungen und zum Abbau von Sprechängsten empfehlen wir daher generell sportlich-musische Betätigungsfelder und meditativ-therapeutische Aktivitäten.

Diagnostisch bedeutsam erscheinen bei der Atmung folgende Aspekte:

Wirkt die Atmung natürlich? Wird also sowohl in die Brust als auch in die Flanken und den Bauch hineingeatmet? Eine flache Atmung im Bereich der Brust ist völlig ungeeignet für eine wohlklingende und ausdrucksstarke Sprache.

Wirkt das Kind in seiner Haltung und Bewegung offen, elastisch und euton (mittlerer Grad von Anspannung)? Viele Kinder erscheinen indes verkrampft und fallen in sich zusammen, wenn man mit ihnen spricht. Es gelingt ihnen einfach nicht, über schnelle Formen der Lockerung ein natürliches Maß an Anspannung zu finden.

Fehlhaltungen und tonische Verspannungen verstärken sich interessanterweise oft dann, wenn man als Lehrer die Atmung in unvorbereiteter Weise bewußt zu machen sucht. Gelegentlich treten in diesen Fällen auch schädliche Formen von Hyperventilation auf, was in der Folge sogar zu Schwindelgefühl und Übelkeit führen kann.

Daher sei bei Kindern der indirekte Weg einer Atemförderung über Ruhe, Entspannung und atmungsauslösender Handlung angeraten.

Genannt seien schließlich noch einige äußere Faktoren, die es zu berücksichtigen gilt. Atemübungen sollten grundsätzlich nicht mit vollem Magen durchgeführt werden. Des weiteren müssen auch Stressoren wie Lärm, Zeitmangel, Verhaltensunsicherheiten und Sprechängste ausgeschaltet oder minimiert werden. Letztlich ist noch auf lockere Kleidung und frische Luft zu achten.

A. GERÜCHE BEWUSST WAHRNEHMEN UND UNTERSCHEIDEN

Grundlegung:

Ein wichtiger Grundsatz ist die Nasenatmung. Aus diesem Grunde sind Riechübungen aller Art in der positivsten Weise atemfördernd. Diese "niedere" Form der olfaktorischen Wahrnehmung macht die Kinder zugleich auch aufmerkamer und wirkt denkanregend aufgrund der Aktivierung der "formatio reticularis". Maria Montessori hat mit ihren Riechfläschchen schon immer auf die unterrichtliche und erziehliche Bedeutung des Riechens hingewiesen.

Spiel:
"Pluto, der Schnüffler"

Hunde besitzen - wie alle Kinder wissen - einen ausgeprägten Geruchsinn.

Für unser Spiel benötigen wir ein paar bekannte und typisch riechende Lebensmittel und Gewürze aus Küche und Garten wie Zwiebeln, Zitronen, Essig, Käse, Pfefferminze, Kamille... Diese legen wir in kleine, gleichartige Döschen (Tablettenröhrchen, Filmdosen..) und entfernen gleich vor Spielbeginn alle Deckel.

Es kommt auf die Spielidee an. Im allgemeinen wird es aber erforderlich sein, die Gerüche im Vorfeld des Spiels erst einmal zu identifizieren und evtl. entsprechende Bildkarten zuzuordnen.

Beim eigentlichen Spiel stülpen wir über die Köpfe der Kinder einfache, selbst gebastelte Hundekopf-Halbmasken. Diese sind so gestaltet, daß die Augen der Kinder verdeckt sind. Die Nasen werden jedoch freigehalten. Eine visuelle Kontrolle ist somit beim Spiel unmöglich.

Reihum erhalten die Kinder nunmehr Aufträge, z.B.: "Pluto, suche die Zwiebeln!"; "Wo ist denn nur der Käse?" ... Das angesprochene Kind ertastet ein Döschen, hält es unter die Nase und reagiert bei fehlerhafter Wahl mit einem lauten, naserümpfenden "Wuff". Hat es die richtige Wahl getroffen, so wird freudig "gebellt"!

Inhalte:

Die Kinder lernen einige typische Gerüche kennen und identifizieren diese durch Zuordnung zu den Lebensmitteln oder Kräutern.

Sie konzentrieren sich unter Ausschaltung der visuellen Wahrnehmung auf den Geruchsinn und unterscheiden die erlernten Gerüche.

Spiel:
"Die Wanderung mit der Nase"

Das Motiv des Spiels ist den Kindern klar: Eine Wanderung in der nahen Umgebung soll möglichst so intensive Geruchsvorstellungen hinterlassen, daß anschließend Erinnerungen "im Traum" möglich werden.

Die Kinder nehmen also in der freien Natur vielerlei Gerüche bewußt wahr. Sie riechen also Gras, Blumen, Kräuter, Wasser.. und verbalisieren, was sie riechen.

Wichtig ist auch die bewußte Einprägung des Geruchs: Während die Kinder den zu riechenden Gegenstand anschauen, atmen sie durch die Nase kräftig ein und "lassen dann den jeweiligen Duft langsam wieder durch die Nase herausströmen".

Die Erfahrung zeigt, daß mit dieser reflektierenden Atemhaltung nicht nur Vorstellungsbilder von Gerüchen nachhaltig geprägt werden, sondern zugleich auch die Atemführung harmonisiert wird.

Zuhause "träumen" die Schüler in entspannter Rückenlage mit geschlossenen Augen noch einmal von der Wanderung. Während von den wichtigsten Etappen der Wanderung visuelle Vorstellungsbilder suggeriert werden, assoziieren die Kinder zugleich die entsprechenden Gerüche zu diesen Bildern:

> "Und jetzt siehst du wieder die Wiese mit ihrem leuchtenden Grün.. und wie sie duftet! Rieche einmal! Ja.., rieche noch einmal!..

Die letzte Passage ("Rieche einmal") wird mehrmals wiederholt. Das gedehnte "Ja.." ordnet der Therapeut einer immer länger werdenden Ausatemphase zu. Danach wird der Einatem mit der zeitlich ebenfalls gedehnten Formel "Rie..che noch einmal" unterstrichen. Der rhythmische Wechsel von Ein- und Ausatmung kann somit von außen gesteuert und der Ablaufprozeß zeitlich immer mehr verlangsamt werden.

Inhalte:
siehe oben

Durch die Bewußtmachung des Riechens wird automatisch auch die Atmung intensiviert und reguliert.

In der Entspannung wird die Atmung noch weiter gelockert.

B. DIE AUSATMUNG KRÄFTIGEN

Grundlegung:

Wie bereits erwähnt, zielen wir ab auf eine möglichst unverkopfte und entspannte Atemführung, die ganz wesentlich für eine natürliche Stimm- und Sprachbildung ist. Die Ausatmung hat hier eine übergeordnete Bedeutung.

Spiel:

"Unser Kinderblasorchester"

Die Kinder finden zunächst in einem Berg von Materialien immer neue "Blasinstrumente": Pfeifen, Flöten, Spielzeugtrompeten, Mundharmonikas, Panflöten, Flaschen, hohle Schlüssel, Luftballone und Luftballon-Gummiteile, "Flatterpapier"-Streifen, Blasrohre...

Nachdem geklärt ist, wer beim nächsten "Musikstück" welches "Instrument" spielt, suchen wir noch einen "Dirigenten". Folgende Zeichen sind zu erlernen:

Das Zeichen der geschlossenen Hand (Faust) bedeutet "Pause".
Ein lautes Anblasen wird mit ausgestreckten Armen signalisiert, während ein leises Spiel mit zurückgenommenen Armen dargestellt wird.
Rhythmische Spielweisen zeigt der "Dirigent" mit Schlagweisen seiner Arme an, während ruhige und langsam zur Seite geführte Arme einen gedehnten Laut anzeigen.

Da lustige Orchester kann alle möglichen Stücke spielen. In manchen Teilen spielen nur diejenigen "Musiker", die der "Dirigent" im Sektor seiner beiden Arme erfaßt. Differenzierung und Feingefühl erreicht man, indem einzelne Passagen auch einmal besonders leise gespielt werden.

"Spitzenmusiker" sind solche, die einen Ton mit einer einzigen Ausatmung möglichst lange aushalten können.

Gelegentlich werden die "Instrumente" auch ausgetauscht. Man erkennt, daß eine Flöte oder eine Mundharmonika sich leichter und einfacher anspielen lassen als ein hohler Schlüssel oder ein "Flatterpapier" zwischen den beiden Daumen.

Inhalte:

Das laute Anblasen kräftigt die Ausatmung. Beim leisen Anblasen wird hingegen die Ausatmung so dosiert, daß der Anblasedruck das "Instrument" gerade noch zum Klingen bringt.

Kurze "hechelnde" Atemschübe bei rhythmischen Spielweisen sollten nicht übertrieben werden. Insbesondere der lang gedehnte Ton fördert den gleichmäßig strömenden Atem.

Mit eindeutigen Signalen wird der Lehrer als "Dirigent" anfänglich seine Förderabsicht ins Geschehen bringen, hierbei aber ein übertrieben lautes Anblasen vermeiden. Die Kinder lernen natürlich leichter in Kontrasten sowohl beim Signalverständnis als auch bei der Ausführung.

C. DIE EINATMUNG KRÄFTIGEN

Grundlegung;

Während der Ausatem Stimme und Lautgebung konstituiert, ist beim Sprechen die Einatmung relativ kurz. Sie muß knapp und kräftig in den Sprechpausen geschehen. Es muß in diesen Pausen so viel Luft eingeatmet werden, daß auch längere Sätze oder Satzteile ohne störende Unterbrechungen gesprochen werden können. Bei manchen Kindern erkennen wir aber, ähnlich wie bei erregten Sprechern, wie sie fälschlicherweise angestrengt mit ihrer Residualluft sprechen und auch die Einatmung nicht mit der Sprechatmung harmonisch koordinieren können.

Übungen, die die Einatmung kräftigen, sind im Rahmen der Ganzheit des Atem- und Sprechkreises zu sehen. Die Bewußtmachung über "Inspirationsschläge" wie beim Hecheln oder Schluchzen reicht nicht aus.

Die Spiele sollten vielmehr abzielen auf einen natürlichen "Lufthunger", wie er auch beim Singen oder Turnen automatisch auftritt.

Spiel:
"Der träge Luftballon"

Die Kinder sehen einen "trägen Luftballon" ganz ohne Luft flach am Boden liegen.

Sie werden aufgefordert, einmal wie ein Ballon alle Luft abzulassen und sich kurzzeitig so hinzulegen, daß erkennbar wird, "daß alle Luft 'raus ist". Das Hauptaugenmerk wird also auf die **Atempause** nach der Ausatmung gelegt. Der Lehrer hat im Einzelfall nur wenig Zeit, um -je nach Lage des Kindes - auf Bauch und Rücken zu prüfen, "wie platt der Ballon ist".

Hilfreich ist auch eine entspannende Suggestion:

> "Soeben bist du wirklich platt und ruhig entspannt. Die Luft ist ganz 'raus. Aber schon merkst du, wie es dich ohne Zutun **von selbst** wieder aufbläst!"

Die wichtigste Erkenntnis ist immer wieder:

> Es ist wirklich angenehm, einmal nichts tun zu müssen, nur faul dazuliegen und zu warten, bis der Körper ganz alleine einatmet.

D. DIE AUSATMUNG DOSIEREN

Grundlegung:

In diesem Abschnitt soll die Steuerung der Ausatmung angesprochen werden, was beim Blasen und bei der Sprechatmung oftmals ein Problem ist.

Manche Kinder neigen dazu, grundsätzlich nur mit Vehemenz zu blasen. Sie bringen gerne Luftballone und Tüten zum Platzen, blasen Spielzeugtrompeten prinzipiell so an, daß es zur Lärmbelästigung wird und bekommen als Folge hochrote Köpfe.

In ähnlicher Weise ist oft auch die Sprechatmung ohne Ökonomie. Hier wird der Atem bei verkrampfter Mundmotorik gepreßt, Stimme und Sprache wirken gequält, verhaucht oder geschrien.

Fordert man solche Kinder auf, etwa eine kleine Feder auf einem Tisch in ein zehn Zentimeter entferntes Ziel zu blasen, so schaffen sie dies nicht.

Werden Entspannungsübungen gewohnheitsmäßig in die Therapie integriert, so werden auch hyperaktive Kinder oder solche mit dyspraktischer Motorik in ihrer Atmung harmonischer.

Spiel:
"Die nickende Kerze"

Der Raum ist abgedunkelt. Alle Fenster sind geschlossen, um Zugluft und Lärm zu vermeiden. Wir stellen eine Kerze auf den Tisch und zünden diese an. Ein Kind – vielleicht auch mehrere – sitzt am Tisch; eine leise und beruhigende meditative Musik wird eingeschaltet.

Mit aufgerichteter Wirbelsäule beobachtet das Kind die Kerze, hört die Musik und wird immer ruhiger. Zur Vertiefung der Entspannung werden mit abgesenkter Stimme leise Formeln gesprochen:

> "Schau dir die Kerze an, wie ruhig sie vor dir steht. Ganz ruhig und gleichmäßig brennnt sie vor sich hin. Auch du bist ganz ruhig. Dein Körper ist ganz ruhig, kerzengerade und locker – du bist wie die Kerze..!"

Jetzt ist auch die Voraussetzung für dosiertes Blasen geschaffen. Gemeint ist eine aus der Ruhe kommende, bewußte "strömende" Atemführung:

> "Du kommst jetzt mit der Kerze in ein kleines Gespräch. Dein Ausatemstrom soll die **Frage** sein. Wir wollen sehen, ob die Kerze "mit einem leichten Kopfnicken" **antwortet** !"

In der Folge kommt es zu einzelnen "Gesprächen", die jedoch möglichst mit einem Minimum an Kraftaufwand geführt werden. Das leichte Blasen oder Hauchen beschränkt sich auf diejenige Dosierung, die erforderlich ist, um die Kerzenflamme in leichte Schwingungen zu versetzen.

Fortführung:

In weiteren Spielen kann die Dosierung der Atmung auch wieder verstärkt und auf die Situation abgestimmt werden:

"Wollschafe (Wattebäusche) werden in die Ställe getrieben"

"Der Zaubervogel (ein Knäuel kleiner, bunter Federn) fliegt im Zauberland herum" (selbst gefertigtes Poster mit Märchenmotiven)

"Baumstämme (Bleistifte, Mikadostäbe..) werden gerollt"

Inhalte:

Die Kinder lernen es, ihre Ausatmung ohne großes Zutun sparsam zu führen. Die Ruhe des Atemstroms fördert zugleich auch innere Ruhe und Gelassenheit.

E. DIE ATMUNG ALS WECHSEL VON EINATMUNG UND AUSATMUNG

Grundlegung:

Eigentlich kann bei keiner Übung die Einatmung von der Ausatmung abgekoppelt werden. Wenn von Ganzheit die Rede ist, so handelt es sich bei den obigen Beispielen lediglich um Schwerpunktsetzungen, welche eine gewisse Bewußtheit schaffen sollen.

Unser Ziel ist es aber, das Zirkuläre der Atmung, das ständig Wiederkehrende im Atemkreis hervortreten zu lassen.

Die persönlichkeitsbildende Kraft der natürlichen Atmung soll an dieser Stelle noch einmal betont werden. Den Kindern gegenüber muß dies nicht verbalisiert werden. Vielmehr erleben diese immer intensiver in der konkreten und kindgerechten Handlung ein Gefühl von innerer Ausgeglichenheit durch entspanntes Loslassen.

Bezogen auf Sprache bereiten diese Spiele eine kraftvolle, selbstbewußte und natürliche Stimmführung und Lautbildung auf ganzheitlicher Grundlage vor.

Und nun zur Art der Spiele:

Alle Spielformen sind geeignet, die das rhythmisch Pulsierende, das gleichförmig Schwingende, das kreisförmig Wiederkehrende der Atmung unterstützen. Man denke an eine Schaukel oder Wippe; an einen Prellball; an sich öffnende und schließende Blütenblätter; an Bäume, die im Winde wiegen; an den Auf- und Untergang der Sonne; an das Auf und Nieder bei Ebbe und Flut und an Wellen, die Schiffe heben und senken. Letzteres Beispiel findet sich in ausführlicher Form im Kassettenbuch von G.Gollwitz mit dem Titel "Musikalische Geschichten zum Sprechen lernen".

In allen Fällen ist die Einatmung mit einer körperlichen Dehnung, dem Aufrichten oder dem Ausholen zu verbinden. Hierbei kommt es zur Streckung und zu einer gewissen – "gerade noch angenehmen" – Anspannung, die in einer kurzen Einatempause auch bewußt gespürt werden kann.

Danach erfolgt die Ausatmung, bei der eine Beugung, ein Absenken und ein Zurücknehmen das "Loslassen" unterstützt. Wie oben bereits ausgeführt, sollte in einer kurzen Ausatempause sodann passiv auf das Einströmen der Luft gewartet werden.

Spiel:
"Der Bogenschütze"

Das Kind erhält möglichst einen echten Turnierbogen. Bei den Pfeilen sollte darauf geachtet werden, daß diese nur mit Gummisaugnäpfen versehen sind. Das Spiel kann zwischendurch aber auch rein pantomimisch durchgeführt werden.

So ganz nebenbei weist man das Kind ein klein wenig in die Philosophie des Bogenschießens ein: die große Verantwortung des Bogenschützen, sein Bezug zum Ziel (nur sportliche Scheibe!) und vor allem die **konzentrationssteigernde Atemführung** !

"Du stehst ganz locker auf beiden Beinen. Die Füße sind in geringem Abstand voneinander (ca. 10 cm) parallel auf dem Boden. Du bist fest verwurzelt, die Knie sind nicht durchgedrückt.

Deine linke Hand ergreift jetzt den Bogen (Rechtshänder!), die rechte Hand faßt die Schnur. Konzentriere dich jetzt auch auf deinen Atem!

Während du einatmest und dich langsam anspannst, bringst du auch gleichzeitig den Bogen in Spannung. Aber – ganz langsam!..

So, nun lasse noch einmal mit dem Ausatem alles wieder langsam locker werden! Diesen Vorgang wirst du nun mehrmals wiederholen. Während du

also einatmest und anspannst, richtet sich jetzt auch dein Blick in Richtung Ziel. Deine Konzentration steigert sich von Mal zu Mal. Bei der noch langsamen Entspannung kann dein Blick wieder vom Ziel weggehen.

Die nächste Einatmung geschieht unter Beteiligung der Mundmotorik, die deine Konzentration noch weiter verbessert. Spanne also mit wachsender Körperspannung auch deinen Mund immer breiter und atme ein "I(S)" ein.

Nach der Wiederholung der Einatmung mit "I(S)" halte jetzt die Spannung eine gewisse Zeit lang an und blicke entschlossen ins Zentrum deiner Scheibe. Erkenne, daß du augenblicklich sehr konzentriert und stark bist.

Dann lasse ganz schnell los! (Körper- und Mundmotorik; Blick).

Du kannst erkennen, daß beim Loslassen der entspannend-ausgeatmete Luftstrom wie ein schwirrender Pfeil klingt: "I(S)" ==> "U(SCH)".

Dies erprobe nun mehrere Male!

Beim nächsten Mal wird der Pfeil sein Ziel gut erreichen. Du bist konzentriert und stark. Während deine Augen das Ziel kurzzeitig klar fixieren, spürst du in positiver Weise deine Stärke und Anspannung. Entscheide selbst, wann du jetzt losläßt!"

Inhalte:

Dehnung, Anspannung und Einatmung werden in natürlicher Verbindung ganzheitlich erlebt. Dies ist nur möglich, wenn im pulsierenden Atemkreis der Kontrast zum "loslassenden" und gewährenden Ausatem erkannt wird.

Die konzentrierte Wahrnehmung eines äußeren Zieles geschieht im Einklang mit der inneren Wahrnehmung von wachsender Kraft und Anspannung.

Die Konzentration ist ganzheitlich auf den Hochpunkt, die kraftvoll gespannte und voll durchgeatmete Körperhaltung, ausgerichtet. Eine Überspannung wird vermieden, weil die Schnur des Bogens ohne eine verkrampfende Drehung der Hand nicht weiter gespannt werden kann.

Auch die Mundregion wird organisch und konzentrationssteigernd in die Tätigkeit mit einbezogen. Kinästhetisch und lautlich vollzieht sich der Wechsel von einem angespannten "I" zu einem locker gerundeten "U".

50

F. DIE ATMUNG IN DER ENTSPANNUNG GESCHEHEN LASSEN

Grundlegung:

Wie oben bereits angedeutet, schaffen Betätigungen wie Sportspiele oder Singen einen "Lufthunger", der ohne weiteres Zutun die Atmung in natürlicher Weise reguliert. Schulstreß, Ärger, Furcht oder Sprechangst hingegen führen zu Fehlatmungen, die chronisch werden können.

Bedenken wir jedoch, daß auch eine stockende und arhythmische Atmung in bestimmten Situationen keine Fehlerscheinung sein muß. Wenn einem in einer Schrecksekunde "die Luft wegbleibt", wenn man sich im Ärger und in Wut "aufplustert" und "den Atem anhält".., so ist dies nur normal und dient physiologisch der Selbsterhaltung.

Bei der Beurteilung von Besonderheiten der Atmung muß vielmehr der Grad und die Angemessenheit der Unregelmäßigkeiten, die Zeitdauer der Erscheinungen und vor allem die häufig schon "chronische Flachheit" der Atmung beobachtet werden.

Die Atmung sollte die volle Weite des ganzen Körpers ausnutzen und nicht nur auf die Brust zentriert sein. Es gilt folgender Regelkreis:

> Der "atemweite" Körper sagt "ich kann!" – Eventuell vorhandene Sprechängste werden abgebaut. – Die Atmung wird sich in der Folge weiter vertiefen. – Die Sprache kann bewußter in ihrer Einheit mit Atmung und Stimme erlebt werden.

Unter der Voraussetzung, daß ein Vertrauensverhältnis zwischen Lehrer und Schüler besteht, kann das nun folgende Spiel wirkungsvoll eingesetzt werden.

Spiel:
"Einfach loslassen"

Der Schüler legt sich mit dem Rücken nach unten auf eine große und weiche Decke. Seine Arme sind entspannt seitlich am Körper.

Zur Vertiefung der späteren Entspannung versucht das Kind erst einmal **aktiv handelnd** den Wechsel von Einatmung und Ausatmung anzuregen, den Atemkreis mit grobmotorischer Unterstützung also bewußt zu steuern. Es wird sich keine grundlegende Lockerung einstellen.

Nun werden Atmung und Entspannung **passiv erlebend** weiter vertieft. Das Kind soll "einfach loslassen", es soll die beruhigenden und entspannenden Außeneinwirkungen mit Vertrauen über sich ergehen lassen und genießen, wie Atmung, Entspannung und Stimme sich positiv entwickeln.

Der Lehrer befindet sich neben dem Kind und summt nach Möglichkeit leise eine beruhigende, einfache Melodie, die vielleicht pentatonisch und wellenförmig ist. Die bekannte Volksliedmelodie "Hejo, spann den Wagen an.." hat zum Beispiel einen sehr beruhigenden Effekt. Als Variante wird eine meditative Melodie auf Kassette empfohlen. (Kitaro, Beethovens Mondscheinsonate, Pachelbels Kanon, Meditation v. Santana..)

Wichtig ist hier auch der vertrauensvolle körperliche Kontakt. So wickelt der Therapeut das Kind zeitweise liebevoll in die Decke ein und drückt es sanft. Auch der Therapeut empfindet sich in dieser musisch-ganzeitlichen Situation wohl und streicht dem Kind über Kopf und Hände.

Nach einer bestimmten Zeit der Entspannung kniet sich der Lehrer seitlich vom Körper des Kindes hin und legt seine flachen Hände sanft auf den Solarplexus (Nervengeflecht hinter dem Magen). Das Kind darf seine Augen ruhig schließen. Der Lehrer spürt mit seinen Händen die Atmung des Kindes sehr deutlich und läßt sich auf sie ein, indem er beim Einatem leicht nachgibt, bei der Ausatmung hingegen sanft auf den Magen drückt.

Er selbst versucht, den Atemrhythmus des Kindes aufzugreifen und diesen Atem mit einem stimmlosen inspiratorischen "I" bzw. mit einem ebenfalls stimmlosen exspiratorischen "U" hörbar zu machen. Nach einer gewissen Zeit kehrt immer mehr Entspannung ein.

Insbesondere die gelegentlich sanft im Uhrzeigersinn über den Magen kreisenden und massierenden Hände des Therapeuten lockern die Atmung immer weiter.

Im Verlauf der Sitzung übernimmt nun der Lehrer beim Kontakt immer mehr die Führung. Er reguliert die Atmung in sehr dosierter Weise, indem er die Ausatmung mit etwas verstärktem Druck forciert. Auch bei der Einatmung wird die Tendenz zur Vertiefung durch ein leichtes Abheben der Handflächen vom Magen deutlich.

Außerdem verlangsamt der Lehrer den Atemzyklus, indem er mit seinen Händen die Bewegungen behutsam langsamer werden läßt und auch seinen hörbaren Atem darauf abstimmt.

Immer wieder wird der Therapeut versuchen, mit den kreisenden Handbewegungen auf weitere Lockerung hinzuwirken. Auch überläßt er das Atemgeschehen zeitweise wieder dem Kinde selbst, indem er seine Hände zurücknimmt, seine "beteiligte" kniende Körperhaltung aber beibehält.

Nun such der Therapeut den Kontakt auch über die Füße aufzunehmen. Er kniet sich am Fußende des Kindes nieder und umfaßt die beiden Füße unter den Fersen. Atmet das Kind ein, so zieht er die leicht abgehobenen Beine an den Füßen in die Länge und weitet hierbei den Bauchraum. Jetzt wird das Kind frei für eine noch tiefere Bauchatmung.

Bei der Ausatmung wird die Streckung der Beine wieder aufgehoben.

Wichtig ist , daß auch hier der Lehrer anfänglich die Atemweise des Kindes rhythmisch aufgreift und später stärker steuert.

Wenn das Kind sehr entspannt atmet, kann es zur weiteren Vertiefung noch in seiner Decke im Rhythmus seiner harmonisierten Atmung gewiegt werden. Am besten geschieht dies zu viert. Die Ecken der reißfesten Decke werden hochgezogen, das Kind wird gemeinsam geschwungen und gewiegt.

Inhalte:

Der Therapeut als "Begleiter" vermittelt Ruhe und Geborgenheit

Er stellt sich auf die Atmung des Kindes ein und harmonisiert diese.

Er aktiviert, indem er die Atemräume taktil bewußt macht und die Atmung selbst stimuliert.

Er atmet hörbar mit dem Kind; verlangsamt und vertieft den Atemrhythmus. Hierbei ist zu beachten, daß der Einatem eher passiv abgewartet wird.

Eine natürliche lautliche Tönung der Atmung begleitet das Geschehen.

5. DIE STIMME

Grundlegung:

Die erste Stimme, die ein Kind vernimmt, ist die seiner Mutter. Gekoppelt mit dem Körperkontakt schafft die Stimme der ersten Bezugsperson ein Urvertrauen, mit dem Kinder erst lebensfähig werden.

Taktile und auditive Wahrnehmungen sollten also bei Kindern stets dann miteinander verbunden werden, wenn dieses Urvertrauen fehlt, was bei stärker auffälligen Kindern sehr häufig der Fall ist.

Es liegt in der Natur der Sache, bei der Entwicklung von Urvertrauen und Stimme die Eltern mit einzubeziehen. Der Therapeut wird eher die Rolle eines Supervisors einnehmen , anfangs allerdings mit einem hohen Grad an Identifikation Haltungen, wie sie für die primären Bezugspersonen typisch sein sollten, vorbildhaft handelnd umsetzen. Die Eltern übernehmen im Verlauf der Therapie ihre eigentlich natürliche Rolle, wenn es im gegenseitigen Vertrauen gelingt , über das Medium Spiel solche Haltungen aus der Handlung zu übernehmen.

Während die Tätigkeit des Lehrers zu Beginn der Sitzungen noch überwiegt, beteiligen sich die Eltern ganz zwanglos immer intensiver beim Spiel und übernehmen später die gesamte Rolle. Der Lehrer zieht sich also immer mehr aus der direkten Interaktion mit dem Kinde zurück und "doppelt" die Elternrolle nur noch in Belastungs- und Problemsituationen.

Es fällt im allgemeinen selbst Lehrern nicht leicht, Rollen zu übernehmen, wie sie in den Spielen unten gefordert sind. Es kann hier auch kein Buchwissen einfach rezepthaft umgesetzt werden. Es geht eher darum, daß bei allen Beteiligten die natürlichen "Instinkte" geweckt werden, soll das Kind in seiner frühesten Entwicklungsstufe angesprochen und zu stimmlich-lautlichem Ausdrucksverhalten gebracht werden. So entstehen primäre Dialoge und Sprachlichkeit.

A. VIBRATIONEN BEI DER STIMMBILDUNG ANDERER SPÜREN

Spiel:
"Wo brummt der Bär?"

Bei diesem Spiel sind vor allem die Kleinen oder stärker Auffälligen angesprochen. Der Therapeut sucht sich eine Stelle auf der Haut des Kindes, gegen die er "brummt". Stimmlich-lautliche Vibrationen, die auf diese Weise an vielen Körperstellen erfaßt werden, sind eigentlich weder taktile noch auditive Stimuli. Es handelt sich noch um eine ganzheitlich-kutane Form der Wahrnehmung.

Die Haut hat übergeordnete Funktion. Sie ist hier zugleich "Ohr", so wie sie auch "Atmungsorgan" sein kann. Sie wird an allen möglichen Stellen als "Stimmband" passiv in Schwingung versetzt, ist somit auch mit den Schwingungen im Kehlkopfbereich zu analogisieren.

Vorliegendes Spiel entspringt eigentlich der ganz natürlichen psychischen Haltung von Eltern, mit ihren Kindern zu schmusen, sie scherzend zu umfassen und zu drücken. Bei diesem Tun haben Stimme und Lautbildung eine bedeutsame Funktion. Der Kontakt ist im allgemeinen sehr innig, daher wird auch fast immer liebevoll "getönt" und "geblasen", wenn der Mund den Körper des Säuglings oder Kleinkindes berührt.

Dieser erwidert die Stimulationen meist mit lustvollen Geräuschen und Bewegungen. Je nach Tonhöhe vibriert die Haut unterschiedlich. Manche Stellen des Körpers wie der Rücken, die Brust oder der Bauch, aber auch die Handrücken, die Backen oder die Stirn sind besonders empfänglich für derlei Reize.
Es wird erzählt, daß beim ursprünglichen alpenländischen Singen der Begleitsänger seine Backe auf die des Hauptsängers gelegt hat, um seine "zweite Stimme" finden zu können. Vielleicht denken wir Erwachsenen – nicht nur beim Singen – viel zu sehr nach, anstatt den natürlichen Vibrationen in uns und um uns herum zu vertrauen. – Es ist jedenfalls auch für uns Therapeuten erfrischend und aufbauend, wenn wir hin und wieder ganz elementar "Bärchen-Brumm-Spiele" machen und uns hierbei selbst erfahren können.
Brummen wir also in den unterschiedlichsten Tonhöhen ("Opa-Bär",.."Baby-Bär") gegen die Kinderhaut, variieren wir die Tonhöhen und "blasen" vielleicht ganze Liedmelodien auf die verschiedensten Körperteile.

Inhalte:

    Das passive Erleben kutaner Vibrationen ist lustvoll. Das Kind verliert so nach und nach seine taktile Abwehr, es wird lockerer und gelöster.

    Die Wahrnehmung der eigenen Körperschwingungen regt auch die aktive Stimmbildung an schafft somit die Grundvoraussetzung für Interaktionen.

B. DIE VERBINDUNG VON ATMUNG UND STIMMBILDUNG

Spiel:

"Die Fahrt mit dem Motorboot"

Je ökonomischer Atmung und Stimme aufeinander "abgestimmt" werden, desto besser klingt die Stimme. Unter der Voraussetzung, daß sie harmonisch und kräftig genug ist, soll jetzt die Atmung als schwingungserregende Kraft entdeckt werden.
Die Vibrationen der Stimmbänder sind nicht direkt wahrnehmbar, daher sensibilisieren wir auf dem Umweg über **Schwinglaute** ("R"; Brummlippe) oder **Reibelaute** ("CH", "F", "S"; ..) für das Erkennen der Bezogenheit von Atmung und Tonbildung...
Um später eine übermäßige Behauchung der Stimme (bei der Vokalbildung und bei der allgemeinen sprachlichen Stimmführung) und einen harten Stimmeinsatz zu vermeiden, sollen die Kinder die wirtschaftliche Nutzung der Atmung beim Sprechen auf diesem spielerischen Wege erkennen.

Wir leiten die Vorstellung ein von einem "vollgetankten Motorboot, das über einen See fährt". Ein abgegrenztes Feld in einem großen Raum sei also der See, der überquert werden soll. Das Kind atmet zunächst kräftig (ohne Übertreibung!) ein und bildet danach einen Schwinglaut. Die vibrierende Zunge ist der Motor, der "nur mit so viel Benzin betrieben wird, daß er gerade noch in Schwung bleibt". Gelingt es, mit diesem dosierten Atemdruck "den ganzen See zu überqueren"?
Das Bewußtsein, daß "eine Tankfüllung ausreichen muß", kann auch ein Stück Umwelterziehung einleiten: Wer die Aufmerksamkeit auf seine Kräfte (Körper, Geist und Seele) lenkt, stellt fest, daß er bei bescheidenerer Dosierung oft "weiter kommt" als er zunächst vermutet. Übertriebene Anspannung führt hingegen zu Blockaden und zum Leistungsverlust.

Variante:

Wird mit Reibelauten gearbeitet, dann ist die Vorstellung eines Segelschiffs, das von einer sanften Windbrise getrieben wird, besser.

Inhalte:

Bei dieser Übung wird die stimmanregende Kraft der Atmung bewußt erfahren. Die Erkenntnis einer ausgewogenen Dosierung steht im Mittelpunkt.

C. VIBRATIONEN BEI DER EIGENEN TONBILDUNG SPÜREN

Spiel:

"Wir blasen über Kämme"

Wenn man sehr dünnes Papier straff über einen Kamm spannt, so können alle möglichen Melodien mit lustigem Verfremdungseffekt "über den Kamm geblasen" werden. Man singt also ein Lied etwa auf "dü-dü", indem man die Lippen leicht auf das Papier legt. Hierbei stellt man fest, daß die hohen Töne anders schwingen und "kitzeln" als tiefe Töne. Bei den tiefen Tönen "flattert das Papier langsamer" als bei den Hochtönen. Es kann ausprobiert werden, welche Tonhöhe am meisten "kitzelt".

Auch die Vokale besitzen eine unterschiedliche Tonhöhencharakteristik. Singt man auf der gleichen Tonhöhe "I – E – A – O – U", so stellt man fest, daß bei bestimmten Vokalen das Blatt kräftiger in Schwingung versetzt wird.

Wer ohne Kamm über ein gespanntes und dünnes Papier "bläst", erzielt eigentlich ähnliche Effekte. Obgleich wir traditionsgemäß gerne "über Kämme blasen", hat das große Blatt den Vorteil, daß die Vibrationen großflächiger, d.h. auf dem ganzen Gesicht gespürt werden. (Papiermasken herstellen!)

Maultrommeln (verschiedene Größen!) sollen hier ebenfalls noch angeführt werden. Auch sie führen im Rahmen der vokalischen Arbeit zu wertvollen Vibrationserfahrungen.

Inhalte:

"Angeblasene" Kämme, "flatternde" Papiermasken und Maultrommeln führen zur intensiven Bewußtmachung der Stimme als Schwingung. Die Verstärkung und "Abbildung" dieser Vibrationen auf oben genannte Medien lenkt die Aufmerksamkeit auf diese Schwingungen und verfeinert letztlich auch die kinästhetische Empfindung der eigenen Stimme.

Vibrationen in der Mund- und Gesichtsregion wirken entspannend und lockernd. Die flächigen Gesichtsmuskeln werden massiert und der Mundbereich wird angeregt.

D. DIE STIMME WEICH ANSETZEN

Grundlegung:

Eine natürliche Atemführung und eine harmonische Psyche sind positive Grundlagen für einen weichen und gesunden Stimmeinsatz. Manchmal "verschlägt es einem die Stimme", der Atem wird verhaucht oder "es bleibt einem die Luft weg". Wer in "schlechter Stimmung" ist, der spricht meist mit gequälter Stimme, die – anders als der befreiende Urschrei – zu inneren Verspannungen und Blockaden führt. Wenngleich sich die Stimme der augenblicklichen seelischen Situation beim gesunden Menschen flexibel anpaßt, so meinen wir als therapeutische Handlung eine Stimmhygiene, die sich schwerpunkthaft um den **weichen Stimmeinsatz** herum ansiedelt: Nur eine schonende und ökonomische Stimmbildung ermöglicht eine gesunde Dynamisierung, schafft Sonorität und verhütet die häufig anzutreffende "Schreistimme" vieler Kinder.

Im Rahmen dieser Akzentuierung ist aus ganzheitlicher Sicht immer zugleich auch an eine Harmonisierung der Gesamtpersönlichkeit zu denken.

Spiel:

"Die lustigen Gespenster vom Schloß Juhu"

"Lustige Gespenster" sind keine grimmigen und bösartigen Vampire oder Monster. Wir suggerieren Spaß und Freude mit entsprechenden Geschichten und provozieren lockere und **befreiende** Bewegungen, die stimmlich und lautlich in passender Weise begleitet werden:

Der Laut "H" initiiert verschiedene Vokale. Diese Vokale werden also weich angesetzt und zum Klingen gebracht.

Nun zum Spiel:

"Wenn die Gespenster aufwachen, werden sie größer und größer. Sie strecken sich und atmen dabei entspannt und locker ein. Sie sind ganz leicht und gähnen. Diesem gähnenden Einatmen folgt stets ein exspiratorisches "H". Das Gähnen der Spielteilnehmer regt automatisch auch die anderen zum Gähnen an. Zusammen mit dem Ausatem klingen die Geisterlaute wie ein wohliges Seufzen.

Doch jetzt kommt das kleine, lustige Kitzelgespenst und bringt Leben ins Geschehen. Wer bei seiner Tätigkeit an empfindlichen Stellen gekitzelt wird, läßt sich einfach gehen und lacht herzhaft "haha..", "huhu.." oder "hihi..". Weil dies auch lustig zum Anschauen ist, lachen andere Spieler mit, denn Lachen ist ansteckend."Vielleicht kann beim anschließenden Lachwettbewerb festgestellt werden, wer mit seinem Lachen die anderen am besten zum Mitmachen anregen kann. Gespenster zeigen die tollsten Grimassen. Mimik, Gestik und Pantomime wirken befreiend und schaffen wohltuende Gruppenatmosphäre.

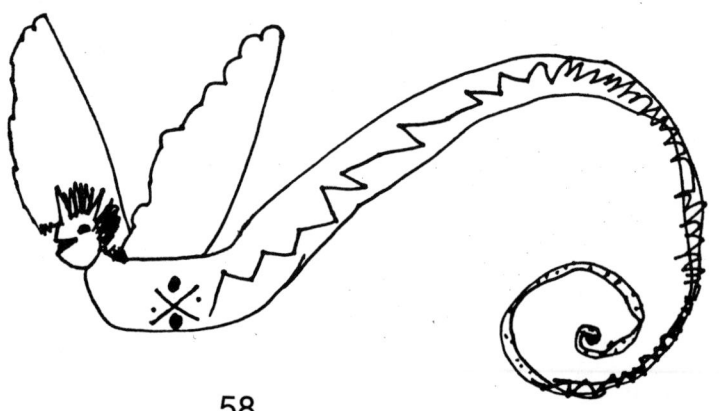

Lustige Gespensterlieder werden nun auf "ha-ha" oder "hü-hü".. gesungen. Die dazu passenden freien Bewegungsweisen betonen Weite und Streckung, die wie die weiche Stimmführung fließend sein soll.

Das jubelnde "Juhuu" ist in besonderer Weise stimmbildend, da man sich vokalisch sich zwischen dem extrem hellen "J" und dem sehr dunklen "U" bewegt. Aus diesem Grund wird dieser Ruf in selbst erfundene oder "nachempfundene" Lieder eingearbeitet, etwa in das bekannte Volkslied "Die Tiroler sind lustig, die Tiroler sind froh":

> "Die Gespenster sind lustig, sie jubeln sich zu, sie schneiden Grimassen und machen Juhuu..!"

Schließlich "werden auch die Gespenster wieder müde". Die Stimmen dürfen langsam wieder verhauchen, sie werden zurückgenommen.

Inhalte:

Bewegungen, die Entspannung und Weite schaffen, sind geeignet, lockere und weiche Stimmen zu erzeugen. Das Gähnen sorgt für eine natürliche Entkrampfung und führt ähnlich wie das Lachen auf ganzheitliche Weise über eine seelische Harmonisierung zum weichen Stimmeinsatz.

E. STIMMEN ERKENNEN UND NACHAHMEN

Grundlegung:

Jede Stimme besitzt ihre unverkennbare Klangcharakteristik. Am bekanntesten sind gewöhnlich die Stimmen der eigenen Familienmitglieder. Hier ist auch der konkrete Ansatzpunkt für das kleine wahrnehmungsgestörte Kind. Es bringt Kassettenaufnahmen mit sprachlichen Mustern aus dem engeren oder weiteren Familienkreise mit. Es gilt zunächst, die Hörbeispiele zu belegen: Fotos zeigen, Namen nennen, Geschichten erzählen... Danach wird anhand überspielter Bänder überprüft, ob das Kind auch bei geänderten Reihenfolgen und weiteren Einspielungen (Kaufmann von nebenan, Hausmeister, Nachbar..) sich orientieren kann.

Wenn diese Grundlagen geschaffen sind, kann Wahrnehmung und Gestaltung weitergeführt werden.

Spiel:
"Hänschen, piep einmal"

Dieses bekannte Spiel wird auch heute immer wieder gerne aufgegriffen. Die Kinder sitzen im Kreise am Boden. Nur ein Kind sitzt in der Mitte und tastet sich mit verbundenen Augen im Kreis entlang. Gelegentlich verweilt es bei einem Kind und sagt: "Hänschen, piep einmal!"
Das berührte Kind entgegnet mit verstellter Stimme "piep". Erkennt das Kind den Mitspieler trotz dessen verstellter Stimme, so geht dieser in den Kreis.

Spiel:
"Zeige uns, wer du bist!"

Die Kinder erfahren, daß gleich jemand auftreten wird, der erkannt werden soll. Denkbar sind Familienrollen, Rollen von Freunden oder Bekannten, aber auch berufliche Rollen oder schließlich einfach Stimmungen.
Gewisse stimmbegleitende Körpergesten sollen bei der Beurteilung keineswegs ausgeklammert werden. Nur semantische Informationen müssen vermieden werden. Daher werden sinnlose Laut- und Silbenfolgen gesprochen.
Die Beschränkung auf eine homogene Gestik, Mimik und Stimmführung verlangt vom Spieler eine **gute Identifikation** mit seiner Rolle und vom Hörer ein **genaues Erfassen** der "Stimmung".

Spricht ein Kind z.B. die frei gewählten Silben "brim-bam-bum.." betont langsam und monoton aus, so könnte dies - je nach Begleitgebärde - die Stimme des Lehrers, eines Ansagers von Fernsehprogrammen oder die mahnende Mutter sein. Ein schnelles, stark moduliertes und teilweise vielleicht sogar "gepoltertes Brim-bam-bum.." könnte bei passender Gestikulation auf einen Verfolgten, auf einen begeistert Berichtenden oder einen aufgeregten, vielleicht auch ärgerlichen Menschen schließen lassen.

Variante:

Wer körpersprachliche Signale ausschließen möchte, sollte hinter einer Verdeckung spielen lassen. Der Akteur selbst wird sich in seinem stimmlichen Ausdruck leichter tun, wenn er auf natürliche Gestik und Mimik nicht verzichten muß.
Eine Videoaufzeichnung kann umgekehrt ohne Ton abgespielt werden. In diesem Falle wird nur die äußere Haltung und Dynamik beurteilt.

Inhalte:

Die gezielte Wahrnehmung und Diskriminierung unterschiedlicher Stimmen führt zu auditiver Bewußtheit. Zugleich erhöht sich auch die Bereitschaft zur ganzheitlichen Erprobung der eigenen stimmlichen und körperausdruckshaften Möglichkeiten.

Mittelfristiges Ziel dieser "Rollenerprobungen und -findungen" ist eine gesunde und ich-starke Stimmungslage.

F. STIMMEN UND TÖNE HÖREN UND TREFFEN

Grundlegung:

Sprachauffällige Kinder zeigen oft Schwierigkeiten beim Singen. Auch wenn rhythmische Abfolgen in Liedern nach einiger Zeit gelingen, so werden meist die Töne nicht getroffen und die Tonfolgen gelingen nicht. In Analogie hierzu erkennen wir auch beim Sprechen dieser Kinder einen Mangel an gezielter Stimm-Modulation. Nur selten werden etwa wichtige Satzteile betont.

Voraussetzung für die Wahrnehmung prosodischer Merkmale, insbesondere melismatischer Abfolgen wird aber sein, daß die Kinder Töne und Stimmen hören und nachgestalten können.

Spiel:
"Das Große und das Kleine"

Ob "Elefant oder Maus", ob "Riese oder Zwerg", ob "Lastauto oder PKW" oder "Vater und Sohn", immer wird das Große mit dem dunklen und tiefen Ton, das Kleine mit dem hohen und hellen Ton assoziiert.

Bei Spielen dieser Art geht es also darum, entweder stimmlich oder instrumental (Flöte, Xylophon..) einen tiefen oder hohen Ton vorzugeben. Zunächst bewegen sich die Kinder einfach in der Art dieser Vorgabe.

Da die Töne im Spiel oftmals erklingen und der Körperausdruck auf seine Weise prägend wirkt, gelingt nach einiger Zeit auch das stimmliche Nachgestalten als "trompetender Elefant", als "piepsende Maus", als "brüllender Riese"...

Fortführung:

In der Folge kann weiter differenziert werden. Je nach Motiv werden die polar gegensätzlichen Töne mit mittleren Tonlagen verfeinert.

Hinweis:

Bei der Auswahl der Töne sollten wir uns anfangs auf das Spektrum zwischen dem eingestrichenen C und dem eingestrichenen G beschränken .

61

Spiel:
"Tag oder Nacht"

Die Kinder bewegen sich frei im Raum nach einer elementaren rhythmischen Vorgabe auf dem Tamburin. Die helle Fensterseite "gehört dem Kuckuck, dem Tagvogel". Die abgegrenzte dunkle Seite ist "das Revier der Nachteule". Gelegentlich wird die rhythmische Vorgabe unterbrochen; die Kinder stehen still und lauschen. Es ertönt entweder tieftonig (zwei Mal ein eingestrichenes C) die Nachteule oder etwas höher als Terzintervall der Kuckuck (eingestrichenes G, danach eingestrichenes E). Wie beim letzten Spiel kann der Ton mit Stimme oder einem einfachen Orff-Instrument erzeugt werden.

Jetzt bewegen sich die Kinder zügig ins richtige Feld. Sie spielen Eulen, indem sie etwa Daumen und Zeigefinger der beiden Hände brillenartig über die Augen legen, mit den abgewinkelten Armen leicht flattern und monoton "U-hu, U-.." rufen. Als Kuckuck bildet jedes Kind mit Daumen und Zeigefinger vor dem Mund einen Schnabel. Beim Singen der Kuckucksterz wird der Hochton dem geöffneten, der Tiefton dem geschlossenen Schnabel zugeordnet.

Hinweis:

Auch auf der Flöte kann die "Schnabelbewegung des Kuckucks" geübt werden. Die Kuckucksterz ergibt sich, wenn man beim Anspielen zuerst alle Löcher freigibt und danach mit Daumen und Zeigefinger das rückwärtige und das obere Loch gleichzeitig schließt.

Spiel:
"Der Bienenschwarm"

Vorbereitung und ganzheitliche Einbettung:

In einem größeren Raum sind schöne, bunte Blumenbilder und -basteleien am Boden ausgelegt, die die Schüler am besten selbst gefertigt haben. Die Kinder haben auch schon Schmetterlinge, Bienen, Käfer.. gespielt und sich im Rahmen verschiedener Wahrnehmungsübungen sehend (Farben, Formen, Raumlagen..), fühlend (Formerkennung, Oberflächenbeschaffenheit) und riechend (Kräuter-, Blumen- und Parfümdüfte) in der typischen Weise bewegt.

Eigentliche Spielausführung:

Jetzt bewegen sich die Kinder als "Bienen" mit geschlossenen Augen durch den Raum. Sie bilden hierbei stimmhafte Laute ("S"; "M"; Vokale), die sie ganz individuell in verschiedenen Tonlagen anklingen lassen. So entsteht ein Toncluster.

Irgendwann hören die Kinder eine andere Biene, deren Ton gut zum eigenen Ton paßt . Sie bleiben stehen, kommen sich immer näher und hören auf den schönen gemeinsamen Klang. Es ist natürlich auch denkbar, daß drei oder vier "Bienen" sich treffen. Wichtig ist nur die Freude am Zusammenklang, die Sensibilisierung für die Schönheit von zusammenklingenden Stimmen.

Das Spiel kann jetzt ausgeweitet werden. Mit einer gewissen Übung wird es gelingen, den eigenen Ton and den anderen anzupassen, die Tonlage des anderen Kindes zu treffen.

Fortführung:

Beim "Bienenkonzert" ist es nun nicht mehr nötig, zur Konzentration auf das zu Hörende die Augen geschlossen zu halten. Ein "Dirigent" bestimmt durch Zeigebewegungen , "von welcher Biene ein bestimmter Ton ausgehen soll und wohin sich der Ton bewegen oder ausbreiten soll". Es kann auch zur Spielregel gemacht werden, daß alle "Bienen" ihren eigenen Ton summen sollen, der so nach und nach auf einen "Lieblingston" eingeschränkt wird. Dies hängt jedoch von den Fähigkeiten der Schüler zur Tonbildung ab.

Inhalte:

Bei den beiden ersten Spielen wird der Höreindruck in eine Bewegungsantwort umgesetzt. Die Art der Bewegung zeigt an, ob das Kind den Ton richtig gehört hat.

Die Imitation des Tones gelingt anfangs nur ungenau, weshalb auch Clusterbildungen wie beim letzten Spiel zugelassen werden sollten. Mit einiger Übung kommt es aber zu immer ausdrucksintensiveren Bewegungen und im "Dialog" letztlich auch zur "Konsonanz".

G. DIE STIMME FÜHREN

Grundlegung:

Bei der sprachlichen Stimmführung passen wir uns automatisch den Inhalten des Gesprochenen an. Wir betonen, indem wir bestimmte Satzteile besonders lautstark hervorheben. Wir geben Fragesätzen eine andere melodische Struktur als Ausrufesätzen und wir lassen unsere affektive Bezogenheit ganzheitlich mit Körper und Stimme erkennen.

Die stimmliche Ausführung von Sprache hat demnach eine nicht zu unterschätzende Bedeutung für den Hörer. Das bewußt wahrnehmende Kind wird dies beim guten Sprecher erkennen und übernimmt diese stimmlichen Akzentuierungen schneller als die Wort- und Satzsprache.

Spiel:
"Gemalte Stimmen"

Kinder imitieren gerne bestimmte Geräusche stimmlich. Sie ahmen Sirenentöne nach, wenn sie Notarzt spielen. Maschinen und Roboter werden mit den unterschiedlichsten Bewegungsweisen und Stimmführungen dargestellt. "Trompeten" klingen laut, "Flöten" lassen sich mit leiser Stimme auf "Dü-dü" vorbringen. Einen vorbeiziehenden "Festzug" vernimmt man zunächst einmal leise, dann immer lauter und später wieder leise. Fragesätze sind als ansteigende Melodielinien erkennbar, während Befehlssätze mit abfallender Stimme gesprochen werden.

Wie man sieht, sind stimmliche Tätigkeiten immer mit einer sinnvollen und konkreten Spielsituation gekoppelt. Die Ganzheit des Handelns wollen wir nicht zerstören, wenn wir nun eben diese stimmlichen Merkmale bildhaft werden lassen : Die nun folgenden Anregungen zur Aufzeichnung auf große Papier- oder Tafelflächen ergänzen die Handlungen wie Bühnenbilder in einem Theater. Sie tragen zum besseren Verstehen der Handlungen und zum vertieften Erleben bei.

Für **hohe Stimmen** wie Vogelstimmen, Bremsengequietsche.. verwenden wir helle Farben, also etwa gelb oder hellblau... Dementsprechend werden **Tieftöne** dunkelfarben als Kontrast dargeboten.

Wellenlinien oder Girlanden können Sirenen, Berg-und-Tal-Bahnen, bestimmte Maschinen.. darstellen. Die Monotonie einer Stimme wird mit einer einfachen Geraden gezeichnet. Auch bei Rutschbahnen, Höhenflügen, Frage- und Antwortspielen "in fremder Sprache", lustigen oder traurigen Stimmführungen geht es immer wieder um diese **melodische Akzentuierung.**

Hinsichtlich der **Lautstärke** kann mit dicken und dünnen Strichen optisch veranschaulicht werden, was sich stimmlich abspielt. Ein großes Tier besitzt naturgemäß eine kräftigere Stimme als ein kleines Tier. Aber auch Naturgeräusche wie der Wasserfall und das kleine Rinnsal, der Sturm und der leise Wind sind mit den Mitteln der Strichführung anschaulich darzustellen. Bei Schwankungen der Lautstärke läßt man die Striche kontinuierlich immer dünner oder dicker werden.

Die **rhythmische Gliederung** der Stimme ist zwar nicht ganz von der Lautbildung abzukoppeln. Es ist dennoch wichtig zu wissen, ob eine Stimme ausklingen kann oder ob sie nur einmal kurz anklingen kann. Je länger eine Linie ist, desto klingender wird auch die stimmliche Realisation. Beim kurzen Strich oder gar beim Punkt ist Stimme kaum mehr zu vernehmen: Ein Luftballon, aus dem man mit einem "Heuler" Luft ausläßt, hat Zeit zum Tönen, während das "Peng" beim Platzen dieses Ballons fast ohne Stimme erzeugt wird. Spricht man die Vornamen der Kinder aus, so erkennt man den rhythmischen Verlauf recht deutlich. Beim Wort "Uwe" kann das "U" lang klingen (Strich), während das "E" nur kurz antönt (Punkt).

Zu erwähnen wäre schließlich noch die **stimmliche Charakteristik**. Die rauhe Stimme eines Tigers kann mit "gefährlich" gezackten Linien gezeichnet werden und so vom "glatten" Ton des Jungtieres oder einer Hauskatze unterschieden werden.

Es wird vorgeschlagen, die großformatigen Malweisen über einen längeren Zeitraum hinweg an die Wand zu hängen und diese im Verlauf der Übungen immer weiter zu ergänzen. Auch die Übertragung in ein großformatiges Heft und die Konservierung der Hörbilder auf Kassette kann angeraten werden. Auf diese Weise ist eine flexible Zuordnung von Hörbildern und ikonischer Darstellung möglich.

Spiel:

"Hier stimmt etwas nicht"

Die körpersprachliche und stimmliche Begleitung des Sprachgeschehens geschieht im Normalfall automatisch. Ein freudiges oder trauriges Ereignis wird auch mit der entsprechenden Stimme und Mimik vorgetragen. "Der Körper lügt nicht", wie es A. Lowen einmal ausgedrückt hat.

Trotz dieser Tatsache können ausdrucksschwache Kinder ihre Verbalsprache nur dann voll entfalten, wenn sie es lernen, Stimme und Körperausdruck beim Sprechen mit ins Gesamtgeschehen zu integrieren.

Die nun folgende Übung soll erheitern und provozieren.

Einzelne Kinder oder auch kleine Gruppen denken sich lustige, traurige, erfreuliche oder ärgerliche Situationen aus. Die inhaltliche Seite wird zunächst einmal abgeklärt und evtl. in Stichpunkten kurz notiert.

Danach versuchen die Kinder, die erdachte oder erlebte Begebenheit so vorzutragen, daß die stimmlichen und körpersprachlichen Signale im Kontrast zu den sprachlichen Ausführungen sind. So wird etwa ganz traurig von einem Kindergeburtstag erzählt. Je lustiger die inhaltliche Seite ist , desto trauriger ist die mimisch-gestische Darstellung.

Eine positive Erscheinung kann sich einstellen, wenn z.B. ärgerliche Begebenheiten lustig und entspannt erzählt werden. Das Kind erzählt z.B. in bewußt gelockerter und fröhlicher Weise vom Ärger in der Schule, was zur Folge hat, daß dieser anschließend nicht mehr in so bedrückender Weise auf dem Kind lastet.

Hinweis:

Die spielerische Gestaltung in Gegensätzen fällt den Kindern anfangs nicht so ganz leicht. Es ist daher zweckmäßig, die "Provokation" durch den Lehrer beispielhaft einleiten zu lassen. Dies führt zur allgemeinen Erheiterung und motiviert die Schüler zur Nachahmung.

Inhalte:

Melodische, dynamische, rhythmische und stimmbildnerische Akzentuierungen tragen dazu bei, daß der Stimme im sprachlichen Prozeß ein höherer Stellenwert beigemessen wird. Aus ganzheitlicher Sicht wird die Sprache bewußter, die Integration der sie konstituierenden Teilmerkmale gelingt besser.

6. DIE LAUTE

Hinweis:

Nicht alle Spiele in Kapitel 6 lassen sich trennscharf der Lautbildung zuordnen. Vor allem bei der Arbeit mit Lautverbindungen tritt gelegentlich deren morphologische Struktur in den Vordergrund. In diesen Fällen wäre eine Zuordnung zum Kapitel 7 in gleicher Weise denkbar. Aus Gründen der Ganzheit wird hier jedoch kein weiterer Zwischenbereich geschaffen.

Um es einmal bildhaft zu sagen: Die Frage, ob ein Glas halb voll oder halb leer ist, ist letztlich nur eine Frage der Sichtweise!

Grundlegung:

Die Arbeit auf der Lautebene ist nicht nur dann angezeigt, wenn ein Kind stammelt. Man ist sich heute mehr denn je klar darüber, daß die elementare Ganzheit, die im Laut und in den Lautverbindungen steckt, als solche erst einmal zu erfassen ist, bevor sozusagen spiralig und prozeßhaft morphologisch-syntaktische und semantische und pragmatische Superstrukturen aufgebaut werden.

Es wird hierbei zwar nicht die Hypothese vertreten, daß in der Phonetik und der Phonologie die anderen Sprachebenen abgebildet werden. Jedoch liegt es in der Ganzheit des Denkens, Fühlens und Handelns, daß bereits auf der Buchstaben- und Laut- ebene ein Erfahrungs- und Erlebensfeld des Identifizierens, Ordnens, Vergleichens und Unterscheidens geschaffen wird. Dieses "Feld" kann aus holistischer Sicht einerseits als Plattform für eine weiterreichende Sprachförderung gesehen werden. Andrerseits muß gerade der Pädagoge eine "gewisse Unschärfe" anerkennen, weil es mechanistische Hierarchien – einfache Übertragbarkeiten von Gestaltungsprinzipien von einer Sprachebene auf die andere, sozusagen mit klarer Ordnungsstruktur – nicht gibt.

Es gilt dennoch als gesichert, daß sich die verschiedenen Sprachebenen gegenseitig beeinflussen. Aus diesem Grunde sind die hier eingebrachten Spiele immer auch zugleich als Praxisbeiträge für eine allgemeinere Sprachförderung zu sehen.

Der Lehrer muß allerdings noch entscheiden, welche individuellen Förderschwerpunkte zu setzen sind und wie er konkret die Lautarbeit effektiv mit der Arbeit in den anderen Sprachebenen verknüpfen möchte.

A. DIE LAUTE ALS BEDEUTUNGSTRÄGER ERFAHREN

Grundlegung:

Laute können – ähnlich wie Wörter – Bedeutungscharakter (Semiotik/Semantik) haben. Es wird hier weniger an diejenigen Laute gedacht, die als Morpheme eine konventionalisierte Bedeutung tragen. Hier denken wir zunächst einmal an frühe **Sinnlaute**, die "Symptom" – noch nicht Symbol – für etwas sind. Diese Art von Lauten versteht das Kind noch unmittelbar aus seinem Erleben heraus. Weil es sich aber – auf vorkonventioneller Ebene – mit diesen Lauten ausdrücken und verständigen kann, lernt das Kind den Zeichengebrauch als Mittel der Verständigung.

Spiel:
"Sprich aus, was du fühlst!"

Ein Kind sieht eine Spinne, eine Kröte oder eine Hexe und ruft spontan "Igitt" oder "Iiii". Es sperrt automatisch und unwillkürlich seinen Mundraum, verkleinert den Kieferwinkel und preßt den Zungengrund gegen den Oberkiefer.

Ein gutes Essen, eine schöne Prinzessin oder ein einladender Zirkuselefant werden hingegen positiv empfunden. Das Kind öffnet sich mit dem ganzen Körper dem Geschehen und lautiert aufnehmend "Aaaa" oder "Oooo".

Es ist wichtig, Lautbildungen, die auch stammesgeschichtlich von Bedeutung waren, bei der Sprachförderung ontogenetisch zu nutzen, wenn es zu Blockaden bei der verbalen Entwicklung kommt.

Obwohl beim allgemeinen Sprachgebrauch solche Faktoren wenig zu Buche schlagen, hat die Weckung von Aufmerksamkeit für den natürlichen Lautgebrauch hier propädeutischen Charakter. Sie erleichtert letztlich auch eine Konventionalisierung von Sprache, weil auf diese Art echtes Symbolverständnis auf elementarer Repräsentationsonsebene angebahnt wird.

Es wird also vorgeschlagen, die Lautproduktion über (selbst gefertigte) Bildkarten in der oben dargelegten Weise zu erreichen. Spielinhaltlich könnte gelten, daß nur diejenigen Karten mit einem Punkt bewertet werden, die positiv empfunden werden.

Die **Sperrung** oder **Öffnung** des Mundraums wird im Spiel **bewußt gemacht**, indem man sagt:

"Spürst du, wie eng/weit jetzt dein Mund ist? Wo ist denn gerade deine Zunge? Merkst du, wenn du ein .. bildest, daß sich die Zunge in den Weg stellt/ daß die Zunge den Weg freigibt ? Erkennst du, daß der Mundraum angespannt/locker ist ?
Übertreibe einmal! Verkrampfe/entspanne dich einmal in besonderer Weise, wenn du jetzt den Laut noch einmal aussprichst!"

Als "enge" Laute kommen in Frage:

"B", "P", "D", und "T" erinnern an ein Ausspucken. Ganzkörperlich findet man die zugehörige Körperhaltung gelegentlich, wenn z.B jemand die Augen verächtlich schließt und einen dieser Laute schräg über seine Schulter "spuckt".

"I", "CH", "S", "N" und "NG" sind ebenfalls abstoßende "Ekellaute", die signalisieren , daß man nichts "hereinlassen" möchte. Als Begleitgeste wird oftmals ein Arm abgewinkelt vor den Kopf gehalten. Dies stellt eine Abwehrhaltung dar.

Als "weite" Laute kommen in Frage:

"A" und "O" sind Laute der Bewunderung, bei denen der Mundraum locker geweitet wird. Auch die Körperhaltung ist offen. Die Gesichtsmuskulatur wirkt eher entspannt. Die Arme werden gerne befreiend nach der Seite ausgestreckt. Beim "O" richtet sich der Körper manchmal auch aus einer leichter Verbeugung auf.

Das "M" schafft bei geschlossenem Mund "innere Weite". Man hält etwas locker geschlossen im Mund und gibt es nicht mehr ab.

Inhalte:

Laute, die als Empfindungslaute gespürt werden, sind – wie Körpergesten – natürliche Ausdrucksmittel. Sie werden als körperliche Reaktionen unmittelbar erlernt. Die Bewußtmachung dieser kinästhetischen Prozesse wirkt stabilisierend auf die allgemeine Lautbildung.
Besonders wirksam sind ganzkörperliche Erlebensformen, bei denen kontrastierend Lust- und Ekelreaktionen verspürt werden. Die polaren Gegensätze von gelockerter Öffnung und angespannter Sperrung lassen sich vor allem im Mundraum erfahren.

B. LAUTE ZUR DARSTELLUNG VON GERÄUSCHEN EINSETZEN

Spiel:

"Lautiere, wie du es hörst!"

Wie schon im Kapitel 3 angesprochen, sind auch hier Höreindrücke Ausgangspunkt für Lautproduktionen. Zunächst wollen wir uns auf das Hören von Geräuschen beschränken und lautsprachliche Hörereignisse außer Acht lassen.
Manche Geräusche wie das Zischen eines Wasser- bzw. Dampfstrahls oder eine leichte Windbrise lassen sich ohne große Probleme mundmotorisch reproduzieren: Lautiert man "Zzz.." oder "Fff..", so kann man die Naturereignisse sogar am eigenen Mund abfühlen.
Insgesamt geht es vor allem darum, die Aufmerksamkeit auf verschiedenste Geräusch- und Lautbildungen zu lenken und diese durch elementare Charakterisierungen bewußt zu machen. So gibt es eher **weiche** und **runde** Geräusche, die von **harten** und **eckigen** Formen abzugrenzen wären. Die Gestaltpsychologie hat einmal mit den beiden Kunstwörtern "Maluma" und "Takete" experimentiert, die von den Probanden mit großer Signifikanz eindeutig einer runden oder eckigen Zeichenform zugeordnet wurden.

Versuchen wir also mit den Kindern eine Geräuschkassette, wie sie im Handel erhältlich ist, abzuhören und lautlich umzusetzen. Mit einiger Übung werden manche Kinder sicherlich auch kreativ unser Phoneminventar überschreiten und Mundgeräusche wie Schnalzen, Glucksen, Gurgeln.. erzeugen, die in unserer Sprache nicht vorkommen.

Spielinhaltlich könnte es zur Aufgabe gemacht werden, einige unterschiedliche Geräusche von einer Kassette abzuhören und diese in der richtigen Reihenfolge mit dem Mund wiederzugeben. Auch können Bildergeschichten gezeichnet werden, die sodann als Geräuschgeschichten gespielt werden.

Hinweis:

Man bedenke natürlich, daß es sich bei den Lautproduktionen immer nur um Annäherungen an die wirklichen Geräusche handeln kann . Dies bedeutet für die Praxis, daß die jeweiligen Geräusche vor Spielbeginn erst einmal intensiv zu erproben sind.

Inhalte:

Das Hören von Geräuschen ist aus ganzheitlicher Sicht intensiver, wenn es über Lautimitationen zur produktiven Leistung wird. Die Kinder suchen kreativ nach immer neuen Möglichkeiten der mundmotorischen und stimmlichen Darstellung und vergleichen ihre Lautproduktionen immer wieder unmittelbar mit dem Hörbild.

Die Bewußtmachung kann besonders wirkungsvoll mit polaren Geräuschqualitäten erfolgen. Eine lautliche Nachahmung "weicher" und "harter" Geräusche wird auch im Mundraum prägnant erfaßt.

C. LAUTE AUS EINEM GESPROCHENEN TEXT HERAUSHÖREN UND IMITIEREN

Spiel:

"Der Wecker rasselt"

Die auditive Konzentration der Kinder kann gesteigert werden, wenn wir aus bestimmten gesprochenen Texten bestimmte Laute heraushören lassen. Die Kinder konzentrieren sich gerne auf solche Aufgabenstellungen, wenn Text und Lautproduktion gut aufeinander abgestimmt sind. Wichtig ist außerdem, daß die Kinder mitmachen dürfen.

Der vorliegende Text kann auch spontan und frei erfunden werden. Besonders deutliche Aussprache ist angebracht. – Immer dann, wenn die Kinder ein "R" hören, spielen sie den Wecker. Sie vollführen grobmotorische Zitterbewegungen mit den Armen und lautieren "Rrr".

Der sehr langsam gesprochene Text könnte folgendermaßen beginnen:
"Jan schläft noch. Mitten im Traum (kleine Pause!) läutet plötzlich der Wecker. Jan stellt ihn ab, er weiß jedoch, daß dieser Wecker immer wieder von alleine rasselt. So rege mich ja nicht auf, sonst werfe ich dich gegen die Wand... "

Spiel:
"Bei der Kirschenernte"

Grundlage dieses Spiels, bei dem der Laut "SCH" erkannt und gebildet werden soll, ist die Haltung der Kinder, "Vögel vom Kirschbaum zu vertreiben". Während sie ein "SCH" lautieren, können sie simultan mit den Armen "die Vögel verscheuchen".
Der mögliche Textbeginn:
"Henri und Eva wollen Kir**sch**en pflücken. Was sehen sie da ? In den Bäumen ringsum sitzen viele Vögel. Die Kinder **sch**impfen: Bleibt ja von unseren Kir**sch**en weg, das ist kein **Sch**erz. Die Kir**sch**en gehören uns. Jetzt aber **Sch**luß!.."

Spiel:
"Der Wind weht"

Der stimmhafte Engelaut "W" kann etwas schwächer als das stimmlose "F" am Mund abgefühlt werden. Man verspürt einen leisen Luftstrom. Als Lautgebärde könnten sich einige Finger vor dem Mund leicht bewegen, während ein "W" lautiert wird.

Ein möglicher Textbeginn:
"Die Kinder sitzen im Segelboot. Leider fehlt der **W**ind. Also doch, das Boot be**w**egt sich. Ulrich ruft: **W**o sind die Segel?.."

Inhalte:
Die Imitation von Lauten geschieht ganzheitlich in Form einer identitätsschaffenden und gebärdenunterstützten Tätigkeit.

D. UNTERSCHIEDLICHE LAUTBILDUNGEN ERKENNEN UND DAMIT UMGEHEN

Grundlegung:

In Abgrenzung zur Phonetik (Lautlehre) geht es in der Phonologie um eine Unterscheidung der Laute. Viele unserer Kinder haben vor allem hier ihre Probleme. Während im Vorfeld dieser Arbeit die Auseinanderhaltung verschiedener Geräusche (Lastauto - Personenauto; Fahrradglocke - Kirchenglocke..) geübt wird, sollen an dieser Stelle die Lautdiskriminationen angesprochen werden.

Je geübter ein Kind ist, desto feinere lautliche Unterscheidungen gelingen ihm. Wer jedoch das Wort "Hose" nicht von "Hase" abzugrenzen weiß, kann auch die unterschiedlichen Bedeutungen dieser Wörter nicht erfassen.

Oftmals werden ähnlich klingende oder - was noch schwerer wiegt - kinästhetisch ähnlich empfundene Laute gerne miteinander verwechselt und manchmal völlig undifferenziert gebildet. Schwierigkeiten entstehen vor allem bei den Sibilanten "S" und "SCH". Sie werden oft zu weit hinten gebildet (Velarisierung), durch die Nase gesprochen (Nasalierung) oder auch in die Backen geblasen (Lateralität)... Ein qualitativ unterschiedliches Sprechmuster liegt nicht vor. In ähnlicher Weise werden die Plosivlaute "P", "T" und "K" häufig auch nicht voneinander unterschieden, weil der Ort ihrer Bildung unklar ist. Hier und in anderen Fällen gilt bei Übungen das Prinzip der sukzessiven Überführung der Fehllautbildung in das korrekte Lautmuster. Der Einzellaut als solcher ist hier allerdings oftmals zu statisch. Eher kann im Verbund mit einem oder mehreren anderen Lauten besser gearbeitet werden.

Beim folgenden Spiel werden daher zwei Laute zusammengebracht und deren unterschiedliche Bildungsweise wird spielerisch akzentuiert erfaßt. Das Prinzip des häufigen Hörens der Gegensätze reicht hier natürlich nicht aus. Viel wesentlicher ist es, die unterschiedlichen kinästhetischen Sprechmuster zu erfassen und mit den Hörbildern eindeutig zu synchronisieren. Auch Lautgebärden sind gute Lernhilfen, wenn sie die Mikroprozesse im Mundraum in geeigneter Weise "vergrößert abbilden" und dadurch fehlerhaft fixierte Artikulationsweisen verändern.

Wenn es um die Stabilisierung der phonematischen Prozesse geht, wäre schließlich bei Schulkindern noch an die Zuordnung von Graphemen zu denken.

Hinweis:

Die Grundproblematik kann natürlich nicht darin bestehen, nach möglichst großen Kontrasten bei der Lautbildung zu suchen. Wichtiger ist die Umsetzbarkeit dieser Unterscheidungsmerkmale in ihr grobmotorisches Äquivalent.

Spiel:

"Segelschiffe schwimmen"

Wenn abgeklärt ist, daß keine organischen Hörbeeinträchtigungen vorliegen und wenn die grundsätzlichen funktionalen Voraussetzungen für die Bildung der Laute "S" und "SCH" gegeben sind, kann folgendes Spiel dazu dienen, diese beiden Lautbildungen aus dem Kontrast heraus zu sichern und die auditive Diskrimination dieser Laute zu verbessern.

Die Schüler bilden ein "S" immer dann, wenn sie das Wort "Segel" hören. Bei "Schiff" hingegen runden sie den Mund zu einem "SCH".

Zur Stabilisierung der Artikulation beider Sibilanten wird ähnlich wie im letzten Abschnitt mit bestimmten kinästhetischen Vorstellungen gearbeitet:

> Beim Wort "Segel" spannt das Kind seine Lippen breit, bildet ein "S" und assoziiert mit einer kräftigen Seitwärtsbewegung beider Arme die "Segelspannung". Außerdem wird der hochtonige S-Laut mit dem Segel (oben) in Verbindung gebracht.

> Beim "SCH" rundet das Kind seinen Mund zur Schnute und assoziiert ein Schiff mit seinen runden Luken bzw. seinem runden Schiffskörper. Das "SCH" klingt außerdem tieftonig. (Schiff ist unten)

Gelingt also die Diskrimination der beiden Laute "S" und "SCH" über das reine Hören trotz intakter auditiver Funktionen nicht, so kann die unterschiedliche Körperhaltung wie das **Strecken** beim hellen **S**egelton und das **Beugen** beim dunklen **Sch**iffston synergistisch wirken und die Artikulation dieser Laute auf natürliche Weise verbessern. Die kinästhetischen Prozesse im Mundraum können auf dem ganzheitlichen Wege einer Aktivierung der gesamten Körpermotorik somit besser angeregt werden.

Ein Text, in dem die beiden Schlüsselwörter im Wechsel gehäuft auftreten, könnte wie folgt beginnen:
> "Ich sitze in meinem **Segel**boot und blicke ins Meer. Ich erkenne viele **Schiffe** und andere **Segel**boote. Ein Wind kommt auf, ich spanne die **Segel** und komme in Fahrt. Plötzlich höre ich das Horn eines **Schiffes**..."

Fortführung:
Die Kinder handeln bei allen Wörtern, die ein "S" oder "SCH" enthalten, z.B. **S**onne, Fi**sch**..

Inhalte:

> Die zu differenzierenden Laute werden über homorgane Grobbewegungen spielerisch eingeschliffen. Die Kinder lernen aus dem Kontrast von **Streckung** und **Beugung**, von **Spannung** und **Entspannung**. Auch die auditiven Merkmale **Helligkeit** und **Dunkelheit** werden mit entsprechenden Körperhaltungen gestützt.

E. ÄHNLICHE LAUTBILDUNGEN ERKENNEN UND DAMIT UMGEHEN

Grundlegung:

Auf der einen Seite lernen Kinder leichter die Kontraste bei der Lautbildung: Ein "P" ist nun einmal leichter von einem "K" zu unterscheiden als von einem "T".

Wirksam ist andrerseits auch die Methode der minimalen Veränderungen beim Wechsel in einen anderen Laut. Denn hier genügen in der Tat allerkleinste Veränderungen, um "wie von selbst" in den neuen Laut zu gelangen. Gemeint sind die Laute mit gleicher Ansatzrohrgestaltung (Artikulationsstelle/-organ).

Diese Spiele sind nicht nur hochmotivierend, sie schärfen auch in besonderer Weise die Wahrnehmung der Lautbildungsprozesse. Außerdem sind die Kinder aufgrund der Elementarität der Aufgabenstellung (passive Anregungen!) wohl kaum überfordert.

Spiel:
"Die drei Schiffshörner"

Auf einem "Schiff" (der Kopf des Kindes) sind drei Hörner mit verschiedenen Signalen. Das vordere Horn "am Bug" tönt "Mmm" und wird mit den Lippen vorne gebildet. In der Schiffsmitte kann ein weiteres Signal ertönen: "Nnn". Ganz hinten "im Heck" hören/spüren wir ein "NGng".

Ein Kind spielt die "Schiffssirenen" und läßt diese zunächst einmal in einer bestimmten Reihenfolge, später unterschiedlich und willkürlich, ertönen. Das andere Kind darf mit geschlossenen Augen schon einmal erraten, welches "Horn" es gehört hat.

In der Folge lernen die Kinder, "die Schiffshörner abzuschalten". Während das eine Kind wieder tönt, "schaltet der Kapitän ab", indem er die Nase des Kindes verschließt.

Ohne die Artikulationsstelle und das artikulierende Organ aktiv zu verändern, endet jeder Laut in einem Plosivlaut: Aus dem "M" wird automatisch ein "P"; das "N" verändert sich zu einem "T" und der "NG"-Laut bricht ab und wird ein "K".

Diejenigen "Kapitäne", die zuvor nicht ganz sicher waren, "welches Horn zuvor ertönte", können jetzt anhand des "Abschaltgeräusches" rückschließen. Vielleicht wollen sie den Vorgang an sich selbst noch einmal ausprobieren.

Spiel:

"Die Motorradfahrer geben Gas"

Die Kinder halten (pantomimisch) "die Lenkstange ihres Motorrades". Mit der einen Hand "geben sie Gas", indem sie die typischen Drehbewegungen vollführen. Sie begleiten dieses Tun artikulatorisch, indem sie "Lll..Nnn" (auch "Sss..Nnn") lautieren.

Die Handbewegung und die Lautbildung erscheinen aus zwei Gründen gleichgerichtet:

> Immer, wenn "Gas gegeben wird", d.h., wenn die Hand eine gespannte Drehbewegung nach unten macht, bewegt sich auch die Zunge zum Lateral engelaut "L" nach unten. Beim Nachlassen der Drehbewegung nach oben bewegt sich auch die Zunge zum Nasal "N" nach oben.

> Das "Lll" ist klanglich lauter und repräsentiert "das Gas geben". Beim leiseren "Nnn" "rollt das Motorrad einfach weiter".

Die Laute "L" und "N" werden an derselben Artikulationsstelle gebildet (alveolar). Auch die Zunge als Artikulationsorgan ist in beiden Fällen coronal.
Wird der Laut "L" mit dem stimmhaften "S" ausgetauscht, so arbeitet man nach dem gleichen Prinzip: Die Zunge wird beim Wechsel nur minimal bewegt, der orale Luftstrom wird ohne veränderte Ansatzrohrgestaltung in das Nasal "N" verwandelt.

Inhalte:

> Anhand passiver Anregungen oder minimaler artikulatorischer Veränderungen werden Lautbildungen bewußt gemacht und abgesichert. Die Vorgänge im Mundraum werden mit geeigneten spielerischen Konzepten veranschaulicht.

F. LAUTBILDUNGEN MIT LAUTGEBÄRDEN VERDEUTLICHEN

Grundlegung:

Es fällt nicht leicht, sich in dem vielfältigen Angebot an Lautgebärdensystemen zurechtzufinden. Zwar werden von den meisten Verfassern bestimmte Prinzipien dominant vertreten. So gibt es großmotorische und kleinmotorische Versionen, die entweder den Bedeutungsgehalt eines Lautes oder aber Assoziationen mit Geräuschen o.ä. betonen. Neben der Graphemorientierung wird im Bereich der Sprachtherapie vor allem die Veranschaulichung phonematischer Gegebenheiten gefordert. Auch mit der Eurythmie der anthroposophischen Schule lassen sich gute Erfolge erzielen.

Was auffällt, ist jedoch die "Kompromißbereitschaft" bei vielen der bekannten Lautgebärdensysteme. Der "schnelle Wechsel" von einer in die andere Darstellungsform ist fast typisch. Ist etwa bei Radigk (phonomimische Zeichen) der Laut "I" ein Interjektionslaut mit grobmotorischer Abwehrbewegung, so wird im gleichen System das "L" mit dem angewinkelten rechten Arm als Buchstaben dargestellt. Beim "SCH" ahmt sodann das Kind eine Lokomotive nach, während beim "F" gegen "die verbrannten Finger" geblasen wird.

Die Gefahr der Verwirrung und Desorientierung kann insbesondere bei schwächeren Kindern groß sein, wenn allzu viele Darstellungsvarianten in ein System "installiert" werden, auch wenn jede Form – für sich betrachtet – anerkannt werden soll.

Es mag sein, daß der Grund für die Vielfalt der Darstellungen in einer allseitigen und ganzheitlichen Ansprache der Kinder liegt. Das Problem ist jedoch, daß die verschiedenen Darstellungsebenen oft eher willkürlich erscheinen und nichts miteinander zu tun haben.

Um **Ganzheitlichkeit** und **Homogenität** zu wahren, wird für den Bereich der sprachlichen Förderung vorgeschlagen, Lautgebärden als Formen des natürlichen Ausdrucks auf Eigen- und Fremdwahrnehmung zu betrachten. Schematisch könnte die Entwicklung zur ganzheitlichen und ausdrucksgeleiteten Lautbildung wie folgt dargelegt werden:

Eindruck:

Bewußte Wahrnehmung innerer Reaktionen ("Gebärden") auf äußere Anlässe wie Verwunderung, Bewunderung, Abscheu, Wohlbehagen.. (Eigenwahrnehmung)

Bewußte Wahrnehmung akustischer Ereignisse wie Geräusche aller Art und elementare Sprache (Fremdwahrnehmung)

Ausdruck:

Fördern spontaner lautlicher Reaktionen, die sich diesen "Gebärden" (s. Eindruck) ganz natürlich zuordnen lassen (aus der Eigenwahrnehmung)

Vergleichen und Ordnen der akustischen Ereignisse durch körperliche und zugleich lautliche Imitation des elementaren Geschehens (aus der Fremdwahrnehmung)

Gestaltung:

Weitere Entfaltung dieser lautlichen und körperlichen Ausdrucksweisen, z.B. Lautsequenzen "von innen her" empfinden; Gefühle deutlich zeigen; Höflichkeitsformen"... Alle diese Ausdrucksweisen sind persönlichkeitsbildende Ganzheiten, die den Entwicklungsstand des Kindes berücksichtigen müssen (aus der Eigenwahrnehmung)

Kreative Aneinanderreihung motorischer Formen unter lautlicher Begleitung – überhöhte Darstellung der Geräuscherzeuger und der sprachlichen Vorbilder (aus der Fremdwahrnehmung)

Spiel:

"Zeige deutlich, was du fühlst!"
– Ausdruck aus der Eigenwahrnehmung heraus –

An anderer Stelle war schon einmal von Sinnlauten die Rede. Die konkreten Inhalte sollen hier nicht mehr ausführlich beschrieben werden. Was jedoch hinzukommt, ist deren Verbindung mit einer deutlich dargestellten Körperhaltung, einer natürlich empfundenen Gebärde also.

Wenn z.B. mehrere Märchenbilder, ansprechende Tierfiguren, beeindruckende Gegenstände oder markante Bildszenen aus dem Alltag vorgelegt werden, so können die Motive sowohl bestimmte Körperhaltungen als auch Lautbildungen auslösen. Man denke an die Imagination einer kalten Dusche oder einer wärmenden Sonne; man erlebe noch einmal den letzten Zahnarztbesuch nach oder erinnere sich an ein besonders gutes Essen. Auch das Bild einer Hexe löst andere Gefühle aus als das eines Prinzen... Immer stellt sich der Körper als Ganzes und auch der Mundraum auf die vorliegende Situation ein. Wir wollen besonders typische Lauteinstellungen näher betrachten, die immer zugleich auf den ganzen Menschen einwirken:

Bei "I", "E", "N" .. werden Mundraum und Körper in eine Abwehrhaltung gebracht. Die Vorstellung einer Injektionsnadel, das Bild einer Hexe.. kann schon eine entsprechende mundmotorische Reaktion erzeugen. Die Einstellung des Lautes "N" soll oftmals etwas unterbinden, auch wenn das Wort "nein" nicht ausgesprochen wird.

Diese Übungen dienen oftmals auch der Überwindung "taktiler Abwehr". Die Kinder lernen, körperlichen und sprachlichen Ausdruck ohne Zwang herauszulassen. Sie nehmen sich selbst in unterschiedlichsten Rollen wahr und bauen mögliche Verhaltensbesonderheiten ab. Auf diese Weise gelingt es ihnen nach einiger Zeit, bisher als negativ empfundene Fremdwahrnehmungen positiv zu werten und auch lautlich entsprechend zu reagieren:

"A", "O" und "M" sind Laute der Anerkennung und Bewunderung. Sie zeigen an, daß sich ein Kind bei einer Zirkusveranstaltung, im Kasperltheater.. öffnet. Dieses Interesse an der Außenwelt ist eine Grundvoraussetzung für soziales und sprachliches Lernen.

Inhalte:

Bei vorliegenden Spielen lernen die Kinder, ihre eigenen Reaktionen auf bestimmte markante Außenreize wahrzunehmen. Sie erkennen, daß sie mit Sympathie oder Antipathie reagieren können, daß die Lauteinstellung und -bildung im Rahmen der ganzheitlichen Reaktion ein wichtiger Teil ist.

Spiel:

"Ich spiel' etwas, was du nicht kennst!"
– Ausdruck aus der Fremdwahrnehmung heraus –

In Abwandlung des bekannten Kinderspiels "Ich seh' etwas, was du nicht siehst" wird hier ein Geräuschgegenstand möglichst kreativ mit den Mitteln der Bewegung und Lautbildung nachgespielt. Wir denken hier an einfache Alltagsgegenstände, deren Beschaffenheit und Struktur ohnehin leicht mit dem Geräusch, das sie erzeugen, assoziiert werden kann. So ist klar, daß ein Zahnrad **rat**tert, ein Schlitten rut**sch**t, eine Möwe **f**liegt... Wir versetzen uns als Spieler gewissermaßen in das Wesen und die Rolle dieses Gegenstandes. Je besser dies gelingt, desto deutlicher wird auch der produzierte Laut. Selbst der Zuschauer/Zuhörer wird von einer prägnanten Ausdrucksgestaltung profitieren , weil ein Laut nicht nur "angebildet" wird, sondern weil er sozusagen "zum Leben erweckt wird".

Ob ein "R"-Laut aber einen Wecker, einen Preßlufthammer oder ein Motorrad repräsentiert, erscheint im Zusammenhang von untergeordneter Bedeutung. Durch die natürliche Gebärde des "Rüttelns" wird eben die **R**auhheit dieses Lautes unterstrichen. Das Kind reflektiert mit seiner Gebärde somit die Lautbildung intensiver.

Es ist keinesfalls notwendig, für alle Phoneme unserer Sprache nach gebärdenhaften Entsprechungen zu suchen. Es genügen durchaus einige wenige Anregungen zum natürlichen Gebärdenausdruck, die das Kind auf ganzheitliche Weise für die Lautbildung sensibilisieren können. Eine Beschränkung der Übungen auf schwierige Problemlaute wird nicht empfohlen, da nicht das Symptom eines Sprachfehlers fokussiert werden soll.

Die nun folgenden Beispiele mögen den Anstoß geben für eigene Gestaltungen:

Beim Laut "B" assoziiert das Kind platzende Seifenblasen. Dieses weiche Platzen wird nur minimal hörbar mit lockeren Lippen erzeugt, wobei das Kind seinen ganzen Körper aktiviert. Es kann synchron zur Lautbildung seine Arme ohne Anstrengung bequem zur Seite bewegen und hierbei auch die geschlossenen Hände leicht und locker öffnen.

Ein tropfender Wasserhahn klingt beim genauen Hinhören wie ein "D". Wir beobachten Kinder, die diesen Laut sehr zutreffend nicht etwa stimmhaft bilden. Sie öffnen einfach den Mund, legen die Zunge an die Alveolen, saugen ganz leicht an und lassen implosiv platzen. Je nach Mundhöhlenformung entsteht ein heller oder dunkler Tropf-Laut. Als Gebärde kann hier z.B. mit den Fingerkuppen ganz leicht im Wechsel gegen den Tisch geklopft werden.

Wer ein "S" bildet, hat als typisches Vorbild oft ein Insekt, das besonders deutlich etwa an einer Fensterscheibe zu hören ist. Treiben wir also eine große Fliege am Fenster in eine Ecke und berühren sie sehr sanft, so können wir deutlich die Vibrationen der Flügel spüren, die dieses Summen auslösen.

Die Analogie zum Laut "S" wird deutlich, der jedoch aus Gründen der Prägnanz stimmhaft gebildet werden sollte. Auf diese Weise kann die lautliche Schwingung an Hals und Backe gespürt werden. – Eine gebärdenhafte Flatterbewegung wird sich auf den Bereich der Finger (vor dem lautierenden Mund) beschränken und so die Feinheit und Schnelligkeit der lautlichen Vibration unterstreichen.

Da der Laut "P" bereits als Interjektionslaut angesprochen wurde, soll an dieser Stelle die lautliche Erfahrung noch gesteigert werden. Unsere Kinder neigen grundsätzlich dazu, beim Spielen von Gegenständen diese zu anthropomorphisieren. Denken wir an einen platzenden Reifen oder Ballon, so kommt uns diese Sicht sehr entgegen. Warum soll nicht auch einmal "einem Ballon der Kragen platzen"? Unter diesem Aspekt ergänzen sich sozusagen Eigen- und Fremdwahrnehmung: Wird ein Ballon mehr und mehr aufgeblasen, so kann bei einer grobmotorischen Imitation die Anspannung "wie ein Ärger" gespürt und mit hochrotem Kopf gebärdet werden. Beim Platzen mit "P" oder "Peng" erlebt man sodann sehr intensiv eine Loslösung und Entspannung, die sich nicht nur auf den Mundraum begrenzt.

Durch die Projektion von Ärger und Anspannung auf den Ballon muß sich der Ärger nicht im Kinde selbst aufstauen. Der Gegenstand besitzt eine wichtige Stellvertreter-Funktion.

Inhalte:

Die intensive Identifikation mit dem Wesen eines Geräuschgegenstandes und seinen Ursache-Wirkungs-Zusammenhängen führt zur genaueren und bewußteren Aufmerksamkeit bei der imitierenden Lautbildung. Die geräuschauslösenden Bewegungen dieses Gegenstandes werden auch kinästhetisch im eigenen Munde verspürt.

Spiel:

"Wir spielen mit Wörtern"
- Gestaltung aus der Eigenwahrnehmung heraus -

Bei dieser Übung denken wir nicht nur an lautmalerische oder kinästhetisch bedeutsame Wörter. Auch kreative Eigenschöpfungen, die mit Gebärden zu verdeutlichen sind, führen zu einem höheren Grad an Bewußtheit bei der Lautbildung.

Einige Beispiele dienen der Anregung für eigene Experimente:

Spricht man das Wort "H-a-u-s" gut artikuliert und sehr langsam aus, so stellt man fest, daß der anfänglich weit geöffnete Mund sich sukzessive immer weiter schließt. Da nun ein Haus ebenfalls etwas "Abgeschlossenes" ist, wollen wir in der Zeit, in der wir dieses Wort langsam und bewußt sprechen, gleichzeitig mit dem ganzen Körper "ein Haus bauen":
Ein oder mehrere Kinder sprechen also dieses eine Wort aufmerksam und sehr, sehr langsam aus, während sie sich gleichzeitig im Schneckentempo mit ihren Körpern in "Hochhäuser", "Einfamilienhäuser" , "Fabrikhallen", "Reihenhäuser", "Bungalows".. verwandeln. Sind sie beim Endlaut "S" angelangt, so sollten sie fertig werden. Bei diesem Laut könnte auch gerade "Rauch aus dem Kamin strömen".

Das Wort "Blasengeblubber" konkretisieren wir zunächst einmal mit einem Becher voll Seifenwasser, in das wir mit einem Trinkhalm hineinblasen. Danach sprechen die Kinder dieses Wort mehrmals hintereinander und erkennen ähnliche Vorgänge im Mundraum. Sie gestalten mit den sich locker bewegenden Händen und Füßen in Rückenlage die Geschehnisse nach.

Die Kinder spielen Gänse und sprechen das Wort "Gänsegegacker", wobei immer beim "G" die Hälse in der typischen Weise leicht gestreckt werden. Beim mehrmaligen Unisono-Sprechen prägen sie sich die rhythmische Folge von Bewegung und Lautbildung ein.

Das "Kirschkernknacken" oder das "Postpaketeverpacken" erfordert kraftvollere Gebärden und führt zur Verbesserung der auditiv-kinästhetischen Wahrnehmung. Auch diese Übung sollte stets in sinnvoller und lustiger Verbindung zu einem realen Geschehen stehen.

Als kreative Eigenschöpfungen bietet sich alles an, was aus bestimmten sportlichen Bewegungssituationen heraus lautlich erwächst:

Purzelbäume und weiche Rollbewegungen werden mit "runden" Lautsequenzen untermalt, z.B. "Milumen", "Wulos", "Hanolen" usw. ; zu wild ausschlagenden Arm- und Beinbewegungen sagt man "tocken", "katapacken".. und denkt an die Tätigkeiten; schlurfende Bewegungen hören sich merkwürdig an, sie sind "schufig" oder "safisch"...

Diese "Privatsprachen" werden natürlich nicht "verschrieben". Bei dosiertem Einsatz sensibilisieren sie indes für die vielen klangmalerischen Wortbildungen in unserer konventionalisierten Sprache. Auch werden mit diesen Kunstwörtern morphologische Gesetzmäßigkeiten spielerisch erlernt: "Milumen" ist eine mögliche Lautsequenz, nicht aber "Mlmue". Verben und Adjektive haben bestimmte Endungen, die sie als Wortart charakterisieren.

Inhalte:

Lautmalerische Wörter und Lautverbindungen enthalten als Superstrukturen oft eine höhere Prägnanz als einzelne Laute. Man beachte bei ihrer Auswahl den "Zusammenklang" der Laute, der mehr ist als die Summe der Einzellaute. Das Sprechen dieser oft schwierigen Wörter oder Kunstwörter weckt oft provokativ die Aufmerksamkeit. Gleichgerichtete Lautgebärden erleichtern jedoch den Sprechprozeß erheblich.

Spiel:

"Wir begrüßen uns gegenseitig!"
– Gestaltung aus der Eigen- und Fremdwahrnehmung heraus –

Bei diesem Spiel kann nicht mehr trennscharf zwischen einer Lautgebärde und einer nonverbalen Geste unterschieden werden. Wir wollen hier beim Begrüßen aber nicht einfach irgendwelche Gruß- oder Höflichkeitsformen wählen, sondern achten einmal besonders auf deren lautliche Struktur.

Um dies mit dem Beispiel eines Kunstwortes zu verdeutlichen. Die Wortschöpfung "P(i)t Kr(i)t(i)k" wäre wohl keine einladende Form der Begrüßung. Schon die grobmotorische Geste, die dieser Lautabfolge zugeordnet würde, wäre eher abstoßend und ausgrenzend.

Anders wirkt das einfache "Hallo". Wir können die dazugehörige Körpergeste erproben, indem wir in einem großen Raum immer wieder einer oder mehreren Personen begegnen und uns in dieser Form begrüßen: Die Lautsequenz verlangt zu Beginn eine **Öffnung** (offener Vokal "A") und endet am Schluß mit einer **Wertschätzung** ("O"). Verabschiedet man sich mit einem "Tschüs" oder "Tschau", so wird bei deutlicher Artikulation die Rundung des Mundes bewußt, die "liebevoll wie ein Kuß" ist. Diese Lautfolge wird selbstverständlich auch die Mimik und Körpergestik mit beeinflussen.

Wir wollen solche Grußformeln im Verlauf dieses Spiels nun nicht – wie üblich – nur ein einziges Mal sprechen, sondern im Wechsel mehrmals! Bei dieser kommunikativen Fortführung erkennen wir sehr deutlich, wie sich beim "Hallo" durch gegenseitige Öffnung und Wertschätzung die Beziehung positiv entfaltet. Auch die begleitende Körpergeste, eine entspannte Seitwärtsbewegung der Arme beim "A" und eine leichte Verbeugung beim "O", wirkt beziehungsfördernd. Man erkennt im allgemeinen bei sich selbst, was man auch beim anderen erkennt: Grußformel und Bewegungsweise lockern den ganzen Körper. Man geht auf den anderen zu, schafft Blickkontakt und wird offen.

Fortführung:
Es wird vorgeschlagen, anhand weiterer Grußformeln die Wirkung von gestisch begleiteter Sprache zu untersuchen: "Guten Tag"; "Lebe wohl"; "Salü"; "Ja, du"..

Inhalte:
Begrüßungsgesten werden als Begegnungen erlebt, bei denen über Körperhaltungen und Lautfolgen Öffnung, Zuwendung und Wertschätzung entstehen.

Spiel:
"Maschinengeratter"
– Gestaltung aus der Fremdwahrnehmung heraus –

Ausgangspunkt können Bewegungs- oder aber Geräusch- bzw. Lautfolgen sein, die jeweils in ihr anderes Äquivalent umgesetzt werden:

"Runde" Walzen- und Drehbewegungen werden ganzkörperlich nachgespielt und mit entsprechenden sich wiederholenden Lautbildungen begleitet, z.B. "miumium" oder "loilaloila". Zu wilden Zitterbewegungen (Preßlufthämmer o. ä.) passen vor allem Schwing- und/oder Verschlußlaute, etwa: "Rattata.." oder "Prikri.."

Werden anfangs Geräusche gehört, so gilt es, diese einer bestimmten Maschine oder einem Naturereignis zuzuordnen. Danach wird diese Maschine motorisch und lautlich gespielt.

Der feine Bohrer eines Zahnarztes klingt wie die Lautsequenz "ssimmm", wobei gebärdend mit dem schnell vor der Mundmitte zitternden Zeigefinger die sagittale Rinne beim "S" und die zentrierte Luftstromführung unterstrichen werden kann. Danach wird beim "M" die Hand einfach auf den Mund gelegt, um ihn (zusätzlich) zu verschließen und die leichten Vibrationen zu spüren.

Eine dritte Möglichkeit sind Lautbildungen, von denen aus auf Geräuschgegenstände geschlossen werden kann. Sie sollten von guten sprachlichen Vorbildern möglichst prägnant vorgetragen werden.

Sagt ein Sprecher ausdruckshaft "Tuckerrrtuckerrr..", so wird das Kind aus einer Reihe von Bildern etwa einen alten Schleppkahn aussuchen. Falls es bereits lesen und schreiben kann, ist die Zuordnung von Wortblasen günstig: Die schlagende Bewegung der schweren Kolben im Motor klingt wie "tuck", die sich drehende Schiffsschraube hört sich an wie ein "Rrr".

Nun fehlt noch die grobmotorische Gestaltung, welche die Lautbildung noch weiter verbessert. Ein Kind spielt am besten die Schiffsschraube und lautiert "Rrr..", ein zweites Kind schlägt wie ein schwerer Motor kräftig mit den Fäusten nach unten und sagt "Tucktuck.."

7. DIE WÖRTER

Hinweis:

Einige Spielvorschläge aus dem letzten Kapitel besitzen auch im Zusammenhang mit der Wortbildung ihre Bedeutung. Man beachte daher den einleitenden Hinweis in Kapitel 6 !

A. WÖRTER HERAUSHÖREN UND VERSTEHEN

Grundlegung:

Wörter werden nur beachtet und eingeprägt, wenn sie eine Bedeutung haben. Im letzten Kapitel war mehrmals von einer **vorkonventionellen Form der Bedeutung** die Rede. Schon der Klang mancher Lautverbindungen kann so typisch sein, daß wir – ohne sie gelernt zu haben – eine Vorstellung von ihren Bedeutungen haben. Natürlich setzen auch solche lautmalerischen Wörter voraus, daß wir etwas "wissen": Das Wort "**kl**a**pp**ern" oder die Lautverbindung "**klipp – kl**a**pp**" wird nur dann memoriert und verstanden , wenn eine Verknüpfung mit entsprechenden auditiven Vorerfahrungen möglich ist.

Wir meinen, daß diese onomatopoetischen Wörter die sprachliche Entwicklung des Kindes entscheidend mit beeinflussen.

Ein zweiter Aspekt von Bedeutung ist in unserer Sprachkultur jedoch wichtiger. Dies sind die **konventionalisierten Bedeutungen**. Die Semantik ist die Lehre der Bedeutung sprachlicher Zeichen. Hier wird ein voll entwickeltes Denken in sprachlichen Symbolen vorausgesetzt.

Der Umgang mit solchen Symbolen steht in diesem Kapitel im Vordergrund.

Spiel:
"Schwarz-Weiß-Spiele"

Zwei Kindergruppen stehen sich in zwei durch einen geraden Strich in der Mitte voneinander getrennten Spielfeldern gegenüber. Es bietet sich eine Rücken-an-Rükken-Aufstellung an.

Der Spielleiter erzählt eine Geschichte, in die er unregelmäßig zwei zuvor festgelegte Reizwörter einfließen läßt. Diese beiden Wörter sind nach dem Prinzip des Kontrastes ausgewählt, wobei je nach therapeutischer Intention an eine **semantische** Polarisierung oder an eine **phonologische** Änderung gedacht ist, z.B. "schwarz/weiß" , "gut/böse".. oder aber "Hase/Hose", "Ziege/Fliege"...

Die Spielidee ist, daß je nach Reizwort die eine Gruppe die andere zu fangen versucht oder aber flüchtet. Diejenigen Kinder, die im Falle der Flucht erwischt werden, bevor sie das Ende ihres eigenen Feldes oder die Wand erreicht haben, wechseln in die andere Gruppe über.

Variante:

Das Spiel erfordert nicht notwendigerweise eine Festlegung auf zwei polare Gegensätze.

Werden etwa in die vier Ecken eines Raumes unterschiedliche Tierbilder, Märchenfiguren, die Elemente "Feuer", "Wasser", "Erde", "Luft" (Farbkarten) gelegt, so kann obiges Spiel von vier Kindergruppen gespielt werden, indem der Raum geviertelt wird.

Auch bedarf es nicht grundsätzlich einer Verfolgungsjagd. Alle Kinder könnten auf die Reizwörter auch mit bestimmten typischen Bewegungen reagieren.

Aus Gründen der Sprachförderung wären auch Spielregeln interessant, die bei den Reizwörtern nur zusammengesetzte Nomen oder die ersten zwei Buchstaben der Wörter beachten, bei den Märchenfiguren z.B. "**He**xen-Besen" oder **He**md.

Weitere Varianten:

Es gibt ohne Zweifel eine Fülle von Spielen, denen die oben genannte Idee zugrunde gelegt werden kann. Der Leser möge die nun folgenden wenigen Anregungen kreativ verwerten.

Erscheinen in einem Sprechtext des öfteren die Wörter "**Kam**ele" und "**Kam**eraden", so besteht vielleicht die Absicht, den Kindern den Problemlaut "K" bewußt werden zu lassen und einzuschleifen. In diesem Abschnitt geht es aber um die Bedeutung dieser beiden Wörter, die blitzschnell dem zweiten Teil des Wortes entnommen werden muß.

Methodisch denkt man u.U. an die bevorzugte Identifikation mit einem "Kameraden", denn ein "Kamel" möchte man nicht sein. Also schüttelt das Kind beim Hören des Tiernamens verneinend seinen Kopf, während es bei "Kameraden" bejahend nickt.

Beim "Knobeln" stehen sich zwei Partner gegenüber. Sie schlagen die Fäuste in der Luft zwei Mal senkrecht nach unten, bevor sie beim dritten Schlag mit der Hand willkürlich eine "Schere", einen "Stein" oder einen "Stoff" darstellen.

Bei der klassischen Spielform wird nicht gesprochen. Einen Punktgewinn verzeichnet derjenige, der zufällig die "stärkere" Zeichendarstellung gewählt hat. Denn: Mit dem "Stoff" kann der "Stein" eingewickelt werden; der "Stein" macht die "Schere" stumpf und die "Schere" zerschneidet den "Stoff".

Die Zeichendarstellungen selbst sind recht einfach. Beim "Stein" wird die Faust beibehalten, bei der "Schere" werden Daumen, Zeigefinger und Mittelfinger scherenartig abgespreizt und den "Stoff" stellen wir mit der flachen Hand dar.

Wenn wir das Spiel bei der Sprachförderung einsetzen, so können wir die drei Schläge lautlich und verbal begleiten, z.B. **SCH - SCH - Schere**; **SCH - SCH - Stein** oder **SCH - SCH - Stoff**. Es ist durchaus auch möglich, bei unserer heilpädagogischen Variante des Knobelns auf die Zeichendarstellung mit der Hand ganz zu verzichten. In diesem Falle steht das sprachliche Geschehen voll im Mittelpunkt. Man bedenke andrerseits, daß eben diese rhythmische und konkrete Unterstützung die verbalen Prozesse sehr wirkungsvoll beeinflussen kann.

Das bekannte Spiel "Alle Vögel fliegen hoch" soll hier auch noch erwähnt werden. Der Spielleiter spricht in schneller Folge immer wieder diesen Satz. Allerdings ersetzt er das Subjekt ständig durch ein anderes Wort wie "Enten", "Flugzeuge".., aber auch "Elefanten", "Bücher"...

Verunsichernd wirkt, daß der Spielleiter grundsätzlich beim Wort "hoch" seine Arme nach oben streckt. Die beteiligten Kinder imitieren im allgemeinen diese Armbewegungen, müssen aber reaktionsschnell beachten, daß sie etwa beim falschen Satz "Alle Tische fliegen hoch" ihre Arme unten lassen.

Inhalte:

Die Kinder sollen aus einem Text bestimmte Wörter heraushören und verstehen. Sie verarbeiten die sprachlichen Informationen kriterienorientiert und sind gefordert, mit blitzschnellen Bewegungsantworten zu reagieren.

Spiel:
"Das unfolgsame Kind"

"Das unfolgsame Kind" führt stets diejenige Handlung aus, die man ihm **nicht** aufgetragen hat. Anstatt zu essen, trinkt es. Soll es arbeiten, so spielt es. Ruft man es herbei, so geht es weg. Möchte man, daß es spricht, so fängt es an zu singen. Dieses Spiel macht natürlich besonderen Spaß, wenn man sich als Mitspieler (künstlich) ärgert.

Es ist noch zu überlegen, ob die Tätigkeiten des "unfolgsamen Kindes" nur motorisch vollzogen werden sollen oder ob kurze Sätze gesprochen werden. Grundsätzlich wird die Zielstruktur schon in der konkreten Handlung sichtbar. Trotz alledem ist unsere Absicht, zur gesprochenen Sprache hinzuführen.

Sagt der Mitspieler: "Gib mir bitte den Stift!" , so nimmt das "ungezogene Kind" den Stift weg und erwidert: "Nein, ich nehme den Stift!"

Eine Variante wäre das "Kind, das nicht hinhören will". Es tauscht bei geeigneten Nomen Morpheme aus und vollführt falsche Aufträge:

Der Mitspieler sagt: "Bringe bitte den Fisch!"
Das Kind antwortet: "Hier hast du deinen Tisch!"

Inhalte:

Auch hier hört das Kind bestimmte Wörter heraus und versteht sie. Es verarbeitet aber, indem es nach der Kontrasthandlung sucht und diese ausführt. Neben semantischen Kontrasten kann auch an einen Wechsel des Morphems gedacht werden.

Spiel:

"Mitmachgeschichten"

Der Lehrer erzählt eine Geschichte mit vielen Teilhandlungen. Die einzelnen Tätigkeiten werden in pantomimische Bewegung umgesetzt.

Die erste Spielversion enthält nur weniger differenzierte **Tätigkeiten**. Die Verarbeitung der (besonders betonten) Verben geschieht noch pauschal, wobei auch individuelle Merkmale ("subjektive" Konnotationen) einfließen dürfen. Schwächere Kinder brauchen u.U. noch das Bewegungsvorbild eines anderen Kindes oder des Lehrers.

> " .. jetzt **frißt** Mohrle. Dann **schleicht** er über die Wiese. Plötzlich **sieht** er einen anderen Kater. Er **steht** still. Nun **macht er einen Buckel**. Er **gähnt**.."

Dem Spiel kann durchaus die Beobachtung einer wirklichen Katze vorausgehen. Hierbei sollte der Lehrer alle Teiltätigkeiten dieses Tieres elementar und simultan beschreiben.
Auch Imitationen dieser Handlungen sind vielleicht möglich.

Die zweite Version arbeitet mit der Einbeziehung **adjektivischer Umschreibungen**. Die bewußte Wahrnehmung ganzer Satzteile wird bereits jetzt erforderlich:

> " .. der **Buckel** wird immer **größer**. Mit **großen Augen schaut** Mohrle den Kater an. Er **reißt sein Maul sehr weit auf** und **schaut böse**. Dann **faucht** er **wie ein wild gewordener Löwe**.. "

In weiteren Versionen kann die Betonung auch auf andere Wort- und Satzteile gelegt werden, wobei zu beachten ist, daß diese anfangs stimmlich hervorgehoben werden.
Dies meint zugleich, daß die Handlungsausführung primär von diesen sprachlichen **Zielvorstellungen** geleitet wird.
Es ist zweckmäßig, bei den nun folgenden gegenständlich bestimmten Ausführungen auch mit konkreten Materialien zu arbeiten.

> " .. Mohrle sitzt **auf dem Kissen**. Er versteckt sich **unter dem Sofa**. Er frißt **unter der Bank**.. "
> " .. Mohrle findet **ein Wollknäuel** und spielt damit. Danach schaut er unter den Schrank und holt seine **Spielzeugmaus** .. "

Inhalte:

Die Kinder hören bestimmte Wörter aus einem Text heraus und setzen die Inhalte in Handlung um. Je nach therapeutischer Absicht kann dieses Hören auf bestimmte Satzteile und differenziertere Handlungen ausgeweitet werden.

Im Verlaufe dieser Übungen werden die Kinder immer flexibler in ihrer Einstellung auf bestimmte Wortarten. Das lexikalische Wissen und die inhaltlichen Verknüpfungen gelingen leichter.

B. GESTALTETE WÖRTER SEHEN UND VERSTEHEN

Grundlegung:

Unsere Schrift ist zwar keine Bilderschrift. Kann ein Kind jedoch lesen und schreiben, so erschließen wir aus therapeutischen Gründen ein neues Terrain, wenn wir uns der Mittel der **Konkreten Poesie** bedienen. Die semantische und phonetische Ausdruckskraft von Wörtern kann nämlich wesentlich erhöht werden, wenn wir ausgesuchten Wörtern die ihnen innewohnende Bedeutung auch äußerlich vermitteln.

Spiel:
"Die Körpersprache von Wörtern"

Die Gestaltung von Piktogrammen:

Das "Lesen" von herkömmlichen Piktogrammen, wie wir sie zur Genüge in öffentlichen Gebäuden und Anlagen finden, kann in seiner symbolbildenden Kraft nicht unterschätzt werden. Wie wichtig ist es für die lexikalische und semantische Entwicklung eines Kindes, solche Bildzeichen wie Telefon, Postamt, Raststätte, aber auch Firmenzeichen und Verkehrsschilder zu deuten.

Die Piktogramme in der "Konkreten Poesie" sind etwas anders. Als kleine Kunstprodukte malen die Kinder etwa mit Bleistiften einfachen Außenformen von Objekten wie "Kugel", "Kind", "Sonne", "Sack", "Rad" , Schnecke ... Danach überlegen sie, wie sie die Formen innen möglichst "sinnvoll" mit den entsprechenden Wörtern beschriften wollen: So könnten die Strahlen der Sonne mit den Wörtern "Sonne" oder "Strahlen" gelb in alle Richtungen geschrieben werden, wobei die Buchstaben nach außen immer kleiner oder dünner werden. Bei "Rad" oder "Schnecke" könnte spiralig dem Charakter dieser Formen entsprechend von innen nach außen geschrieben werden...

Es wäre schließlich noch zu überlegen, wie die optisch gestalteten Wörter auch **szenisch** gespielt werden können. Eine Kindergruppe könnte etwa die Sonne spielen, indem die Kinder - ausgehend von einem Sonnenkern - nach allen Richtungen "abstrahlen" und gleichzeitig das Wort "Sonne" artikuliert sprechen. Die Betonung des S-Lauts würde das "Strahlenartige" der Sonne unterstreichen.

Die Gestaltung von Ideogrammen:

Viele geschriebene Druckschrift-Wörter können mit kreativer Phantasie so verändert werden, daß ihre eigentliche **Bedeutung** besser nach außen treten kann:

Das Wort "Treppe" wird Buchstabe für Buchstabe treppenartig nach oben oder unten geschrieben. Beim Lesen kann dieses Merkmal stimmlich mit einer abfallenden oder ansteigenden Melodielinie gesprochen werden – oder aber man sagt "stufig" und kantig "T – T – T – Treppe"; "T – r – e – p – p – e".

Beim Wort "Rutschbahn" kann dementsprechend der Laut "R" in abfallender Melodik lange genug gedehnt werden.

Die "Wolke" enthält ein "O", das phantasievoll in ein "Wolkenrund" verwandelt werden kann. Beim Sprechen dieses Wortes wird sodann zur Bewußtmachung der gerundete "O"-Mund betont: "Die Wolke wird zum Mund herausgeblasen!"

Das Wort "Krokodil" enthält zwei K-Laute, die sich leicht als offene Krokodilsmäuler ausgestalten lassen. Beim Sprechen können auch die Arme so ausgestreckt werden, wie es durch das K-Graphem vorgegeben ist.

Insbesondere Adjektive und bestimmte Nomen kann man auch von ihrer **affektiven Bedeutung** her gestalten:

Das Wort "eng" müßte im Gegensatz zu "weit" auch in schmaler Schrift gemalt werden. Spricht man dann dieses Wort mit Taschenfaltenstimme, so überträgt man die visualisierte Bedeutung auf die Sprechwerkzeuge.

Das Wort "weich" kann mit Wolle oder Watte geklebt werden. Beim Abfühlen empfindet man sodann nicht nur das Material als weich. Im ganzheitlichen Geschehen ist man auch beeindruckt von der Weichheit der Arkaden, Girlanden und Schleifen, die die Formelemente dieses Wortes sind. Wie sanft (Stimmeinsatz) kann das Wort gesprochen werden ?

Denkt man an Wörter wie "Angst" und "Furcht", so darf hier ganz bewußt einmal in "Zitterschrift" geschrieben werden. Insbesondere der Stotterer wird sich freuen, einmal seinen in dieser Schreibform geschriebenen Text "abgehackt" und "zittrig" sprechen zu dürfen.

Inhalte:

Die Kinder lernen, mit den Mitteln der "Konkreten Poesie" ihre Sprache sehr genau wahrzunehmen. Sie "deuten" Sprache aus, geben den Wörtern sinnvolle "Körpergestalten" und erfassen vielsinnig und ganzheitlich die Bedeutung von Wörtern.

C. LAUTMALERISCHE WÖRTER ERFINDEN UND SPRECHEN

Grundlegung:

Schon in Kapitel 6 war von kreativen Eigenschöpfungen die Rede. Im Kontext mit der Lautbildung ging es darum, den Charakter bestimmter Laute onomatopoetisch bewußter werden zu lassen. Die gezielte Nachahmung von Schallerzeugern mit der Mundmotorik sollte dazu führen, daß die Kinder beim Bilden von Lauten sich ähnlicher Mittel bedienen wie die Natur und die Technik. Ein Windgeräusch kann auch mit dem Mund simuliert werden: **"SCH"** , **"S"**... Das ratternde Motorrad ist problemlos mit einem **"R"** nachzuahmen.

Diese elementaren Überlegungen wurden in Kapitel 6 auch schon weitergeführt. Es war von "Privatsprachen" die Rede und von phantasievollen Lautverbindungen.

Hier ist der Anknüpfungspunkt zu diesem Kapitel. Denn auch auf Wortebene gibt es solche "Urbegriffe", die wegen ihrer lautlichen Prägnanz verstanden werden. Auch ein Sprachunkundiger kann z.B. die Worte **"tuckern"** und **"knacken"** in ihrem Bedeutungsgehalt erfassen. Vorausgesetzt ist allerdings ein "offenes Ohr" – siehe hierzu Kapitel 3 (Hören). Mit einiger Erfahrung kann er auch selbst Sprache generieren. Er kommt aufgrund solcher vorsymbolischen Tätigkeiten in Kommunikation mit seiner Sachumwelt.

Vielen sprachlichen Beeinträchtigungen liegen funktionelle Störungen oder Lernhemmungen zugrunde. Daher soll hier betont werden, daß es bei solchen Erscheinungen wichtig ist, länger auf der vorsymbolischen Ebene zu verweilen. Wörter wie **"knistern"**, **"prasseln"**, **"rattern"**.. sind erst einmal Wortzeichen mit Signalcharakter, deren Bedeutungen also noch vom Hörbild nicht abgekoppelt sind. Dies sind die eigentlichen Lernfelder, die auch ein konkretes Handeln implizieren. Hier darf das Kind noch "Kind sein" und aus seinem sensomotorischen Erfahrungsraum Sprache schöpfen. Nur wer sich ins Spiel vertiefen konnte und etwa eine Fahne im Wind hat **flattern** lassen, wird dieses Wort auch verstehen können, denn: **"Flattern" hört man, sieht man und spürt man (an der Fahnenstange)!**

Oft wird beim Sprachaufbau diese konstituierende Stufe vernachlässigt und dem Kind eine zu große "Steilheit an intellektueller Entwicklung" abverlangt. Wer dies tut, riskiert aber, daß viele Kinder die Sprachsymbolik "als reine Übereinkunft" nicht mehr nachvollziehen können. Sprachsymbole, deren Bedeutungen (Referenz) nur rein willkürlich aufgrund von Konventionen der Sprachgemeinschaft zugeordnet sind, können als abstrakte Einheiten wohl ohne Basisarbeit nicht erfaßt werden.

Spiel:
"Die Waldwanderung"

Ein konkreter Spaziergang durch den Wald soll anschließend in eine Geräuschge-schichte umgewandelt werden. Kassettengeräte werden mit Batterien bestückt und mitgenommen. Auch kleine Notizbüchlein stecken die Kinder in die Tasche. An be-stimmten markanten Punkten verweilt die Gruppe und lauscht. Vielleicht hört man das **Rauschen** des Windes in den Blättern oder das **Plätschern** eines Bächleins. Wo-möglich **raschelt** irgendwo das Laub, weil ein Vogel oder anderes Waldtier dort nach Nahrung sucht. Dieses Hörbild wäre auf Kassette aufzunehmen, aber auch das **Knacken** der Äste beim Gehen. Plötzlich hören die Kinder ein fremdes Geräusch, für das sie auch noch keinen Begriff haben. Schnell wird dieses Geräusch aufgenommen. Manche erfinden auch schon einmal ein Wort, das passen könnte und schreiben dies in ihr Büchlein: "placken", "docken", "klüppen" wird aufgezeichnet für ein eher dunkles und klopfendes Geräusch.

Zuhause angekommen, legen sich die Kinder mit dem Rücken auf weiche Unterlagen, schließen die Augen und lassen die verschiedenen Stationen noch einmal in der Erin-nerung auftauchen. Dann wird das Kassettengerät eingeschaltet. Die aufgezeichneten Geräusche werden abgespielt, während die Kinder das Hörbild mit der verinnerlichten visuellen Vorstellung verbinden.

Einige dieser Geräusche werden in der entspannten Situation lautierend nachvollzo-gen. Man erkennt die Unterschiede "weicher" und "harter" Lautbildungen.
Danach werden die Kinder aus dem "Tagtraum" zurückgeholt.
Jetzt wird die Geräuschgeschichte in die richtige Reihenfolge gebracht. Man sucht nach lautmalerischen Wörtern, legt eine Kartei an und freut sich auch über Eigen-schöpfungen bei den Hörbildern, für die es noch keine Wörter gibt.
Abschließend schreiben die Schüler die Geräuschgeschichte auf, um sie danach zu spielen.
Zur prägnanteren Dokumentation kann zum Text auch der entsprechende Gegenstand geklebt oder gemalt werden!

.. "flatter, flatt, flatter" (Blatt) - "knack-knack" (Ast) - "husch-hopp-hopp.." (Hase) - "raschel-raschel.." (Gehen auf dem Waldboden) - "knik-kel-knick"(kleine Zweige).. ...

Vorliegende Stichpunkte können Grundlage eines Sprech- oder Schreibtextes sein:

.."Blätter fallen vom Baum. Ein Ast knackt. Vor Schreck huscht ein Hase davon"..

Varianten:

In der Fabrik; auf dem Marktplatz; in der Kirche; im Einkaufszentrum..

Inhalte:

> Das Erlernen und Begreifen von Wörtern muß im Zusammenhang mit der Entwicklung des Kindes gesehen werden. Zu mechanistisch sind Erklärungsmodelle, die in der Benennungsfunktion der Sprache verharren. Das ganzheitliche Erfassen von Wörtern hat seinen Urgrund in der Verknüpfung von Handeln und Sprechen. In der **Handlung** entfalten sich auch die **Sinne** . Lautmalerische Wörter sind ursprachliche Wörter, die ihre Entstehung der **auditiven** und **taktil-kinästhetischen Wahrnehmung** verdanken. Der Umgang mit diesen Wörtern ermöglicht ein Lernen von Wörtern mit den Mitteln der **Sensomotorik**.

D. WÖRTER AUS EINZELLAUTEN ZUSAMMENSETZEN

Grundlegung:

Wörter sind Ganzheiten. Als gesprochene Einheiten sind sie mehr als die Summe ihrer Einzelbuchstaben. Die benachbarten Laute beeinflussen sich gegenseitig (Koartikulation), weshalb die wortbildenden Buchstaben nur mit einer gewissen Unschärfe den wortbildenden Lauten zugeordnet werden können. Unter diesem Gesichtspunkt besitzt ein Graphem (Buchstabe) immer eine ganze Reihe möglicher Phonemausprägungen (Laute).

Zur Erläuterung ein Beispiel:

Ein "SCH" wird mit besonders starker Lippenrundung ausgesprochen, wenn ein "U" folgt, also im Wort "Schuh". Beim Wort "Schi" ist hingegen diese Rundung schwächer, weil die Breitspannung der Lippen bei "I" schon vorweggenommen wird.

Bei gut artikulierter Sprache sind die sonst oft üblichen "Verschleifungen" allerdings geringer. Eine **bewußte Sprechweise** führt somit zu einer besseren Annäherung von geschriebener und gesprochener Sprache.

Ohne für eine übertriebene, d.h. auch künstlich wirkende Sprechweise Stellung nehmen zu wollen, sei hier vermerkt, daß eine deutliche Artikulation nicht nur die Mundmotorik verbessert. Entscheidend sind die dem Kinde deutlich werdenden Zielstrukturen einer Sprachförderung als **persönlichkeitsbildende Ausdrucksförderung** , die zur Bewußtheit und Ich-Identität führt.

Das deutliche Erkennen von phonemisch-graphemischen Gemeinsamkeiten durch vorbildlich artikulierte Sprache ist ganz besonders bei solchen Kindern wichtig, die zuhause keine anregenden Sprechmuster erfahren. Es stimmt bedenklich, daß manche soziolektale und dialektale "Verschleifungen" letztlich auch die gesamte Lernentwicklung hemmen.

Die nun folgenden Spiele sollen obige Gedanken mit einbeziehen, wobei sich der Autor bewußt ist, daß eine Förderung durch Synthese von Wörtern aus Einzellauten mit der verbleibenden "Unschärfe" zu sehen ist.

Auch fehlt vielen geschriebenen Wörtern unserer Sprache die "Lauttreue", weshalb stets an eine Auswahl geeigneter Wörter zu denken ist.

Trotz dieser Bedenken meinen wir, daß ein Kind lernen sollte, einmal in elementarer Weise einige Laute motorisch (statisch) "einzustellen", was sonst in der Dynamik der sich fließend und permanent verändernden Sprechlautbildungen wohl kaum möglich ist. Vergessen wir nicht, daß auch diese **"kleinen Ganzheiten"** den Kindern schon Integrationsleistungen abverlangen.

Der **morphologische Aufbau** von Wörtern kann nur verstanden werden, wenn Einzellaute/Einzelbuchstaben als deren Bausteine beachtet und im Wechselspiel von Analyse und Synthese beleuchtet werden.

Spiel:
"Robotersprache"

Voraussetzung für dieses Spiel ist eine gewisse Lese- und Schreibfertigkeit.

Ein Kind spielt mit einer entsprechend bemalten Schachtel über seinem Kopf einen Roboter. Die Schachtel hat zwei Schlitze, durch die eine Papierrolle (Kleinrechner-Rolle) gezogen wird. Das Innere der Schachtel ist so hell, daß das verkleidete Kind die Wörter auf der Rolle lesen kann. Außerdem kann es die Rolle nach Bedarf weiterziehen.

Das Kind liest als Roboter kurze und prägnante Worte skandiert in Staccato-Sprache z.B. B-a-d ; M-o-n-d; M-o-t-o-r-r-a-d; B-a-n-d...
Die Zuhörer sollen diese Worte verstehen oder niederschreiben bzw. korrekt und deutlich aussprechen.

Als Variante werden nicht mehr alle Buchstaben vom "Roboter" zuende gesprochen, da das "Abschaltprogramm eingestellt ist" . Er sagt z.B. "B-a" oder "M-o" .
Diese Aufgabenstellung ist schwieriger, weil das zuhörende Kind zunächst zwei Laute vereinigen und aussprechen muß, bevor es die Wörter erraten kann. Vielleicht findet es mehrere Wörter wie "Bad", "Band", "Ball", Bank".. oder "Mond", "Motorrad", "Mofa", "Mode"...

Das "Silbenprogramm" ist weniger anspruchsvoll; die Anfangssilbe kann meist schnell zuende geführt werden.

Interessant ist auch die Vorgabe von rhythmischen Einheiten, wenn das "Asteroidenprogramm eingeschaltet ist". Plötzlich schnalzt der Roboter nur noch mit seiner Zunge, gurgelt oder japst. Die Zuhörer kennen bereits den Wortschatz des Roboters und wissen, wenn dieser "lang-kurz" tönt, daß dies nur "Mondstaub" oder "Raumschiff" bedeuten kann.

Beim "Konsonantenprogramm" spricht der Roboter etwa "P-k-t" und meint "Paket", während das gleiche Wort im Vokalprogramm eben "a-e" heißt.

Schließlich besitzt der Roboter noch ein "Verrücktspielprogramm". Beim Abfragen der Wörter vertauscht er alle Laute so total, daß Wortbilder entstehen, wie sie unsere Sprache nicht vorsieht. Die Konsonanten und Vokale erscheinen in einer gänzlich ungewohnten Reihung: "b-t-r-t-e" könnte "Brett" bedeuten, "u-a-h-s" eben "Haus"

Inhalte:

Im Mittelpunkt steht das Wort als morphologische Ganzheit. Je nach Ordnungsgesichtspunkt wird es einmal voll synthetisiert, dann in seinen Teileinheiten erfaßt. Auch die konsonantische oder vokalische Struktur tritt in den Vordergrund. Nur beim "Verrücktspielprogramm" wird die Gestalt des Wortes vollkommen zerstört und muß neu aus den Buchstaben/Lauten aufgebaut werden.

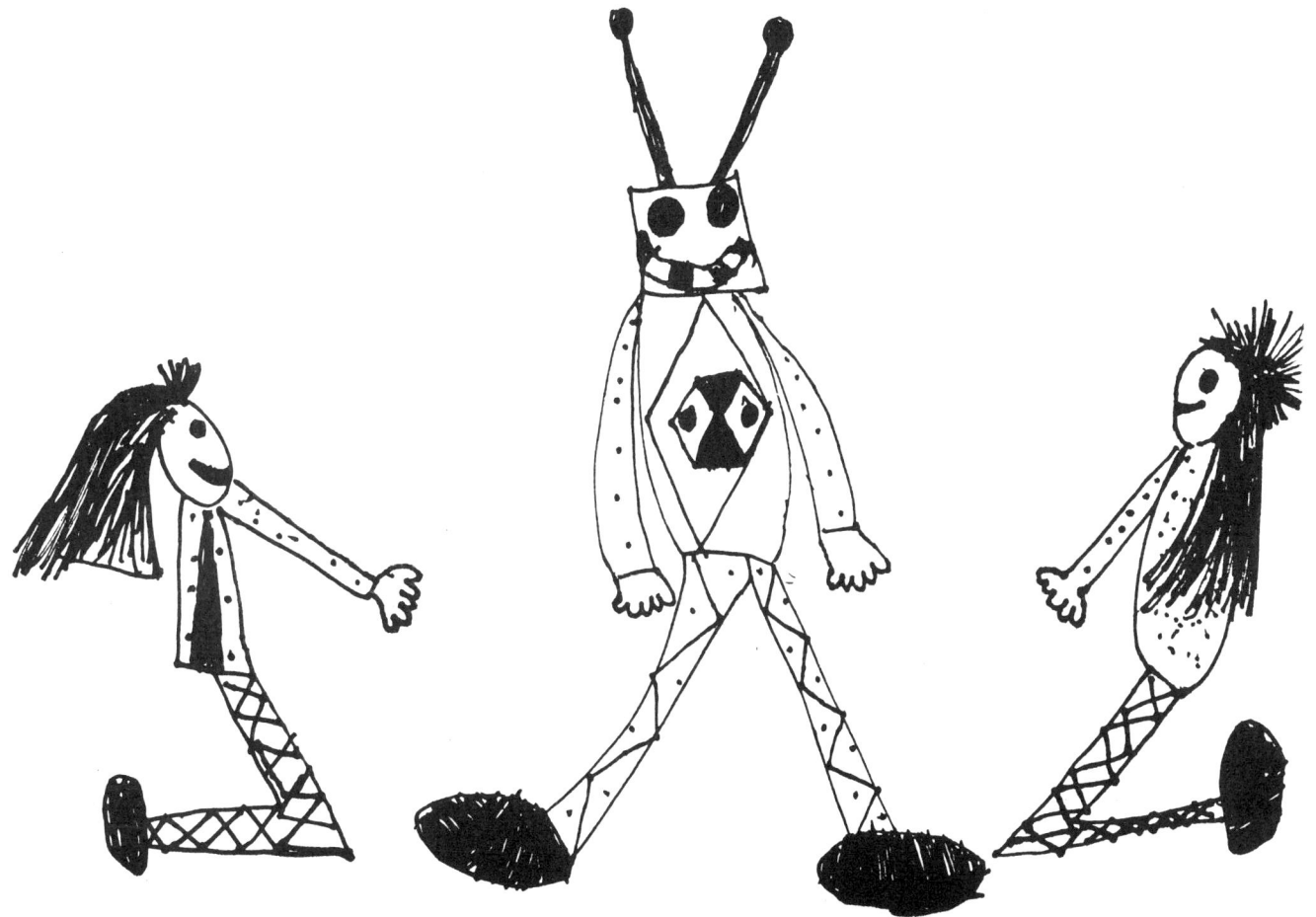

95

Spiel:

"Der ABC-Garten" ("Das Bilder-ABC")

Voraussetzung für dieses Spiel ist die Fähigkeit zum Heraushören des Initiallautes von bestimmten Gegenständen oder Bildern

Beim "ABC-Garten" baut man einen Tierpark mit einigen Tieren in alphabetischer Reihenfolge auf: **A**ffe, **B**är, **Ch**amäleon... Wichtig ist nicht die lückenlose Aufreihung der Tiere von A bis Z, weil für dieses Spiel keinesfalls alle Buchstaben gebraucht werden.

Auch eine Beschränkung auf Tiernamen ist nicht erforderlich. Man denke an Wörter aus dem Grundwortschatz, z.B. **A**pfel, **B**all ...

Schließlich wird noch an eine Auswahl nach phonetischen Gesichtspunkten für aussprachegestörte Kinder empfohlen, z.B. A**st**, **B**rot,.. Du**sch**e,.. Fer**k**el .. – je nach therapeutischer Intention

Das "Bilder-ABC", bei dem nicht Spielgegenstände, sondern Bilder alphabetisch geordnet werden, hat den Vorzug, daß es in mehrfacher Ausführung vorliegen kann.

Beim ersten Umgang mit dem gegenständlichen oder bildlichen Material sollte durch vielseitiges Hantieren Bekanntheit geschaffen werden.

Spielversion 1

Aus dem ABC-Garten (Bilder-ABC) werden mehrere Gegenstände (Bilder) geholt und in Leserichtung von links nach rechts aufgestellt. Aus der Art der Reihung ergibt sich ein Wort, das erraten werden soll.

Je nach Spielintention beginnen die Kinder simultan oder erst nach der Aufstellung das gesuchte Wort zu finden. Sie sprechen jedes Wort deutlich aus und finden dessen Anfangsbuchstaben. Dieser ist sodann Bestandteil des gesuchten Wortes.

Der Lehrer stellt also folgende Gegenstände gereiht auf:

Koffer – **A**ffe – **N**est – **N**uß(oder Nest) – **E**nte

Wie zu sehen ist, ergibt sich das Wort "**Kanne**". – Wird der "Koffer" nun entfernt und durch einen "Teller" oder eine "Wurst" ersetzt, so entsteht entweder das Wort **"Tanne"** oder **"Wanne"**. Ersetzt man die "Nuß" durch den "Teller", so wird eine **"Kante"** daraus. Natürlich können auch mehrere Gegenstände gleichzeitig ausgetauscht werden. Je mehr im Umfeld des Ausgangswortes experimentiert wird, desto stärker **verfestigt sich die morphologische Gestalt** dieses (gesprochenen) Wortes.

Auch Fehler sind hilfreich: Wird der "Koffer" durch ein "Geldstück" ersetzt, so entsteht "Ganne". Die falsche Abweichung wird erkannt, weil unmittelbar mit dem Anfangslaut bei **"G**eldstück" verglichen werden kann.

Spielversion 2

Die Aufmerksamkeit muß sowohl auf den Anfangslaut der Gegenstände (Bilder) als auch auf deren Endlaut gerichtet werden. Bei dieser Spielvariante stellt das Kind selbst, vielleicht im Wechsel einem anderen Kind oder dem Lehrer, die Dinge in eine Reihe. Der Endlaut des einen Wortes soll der Anfangslaut des nächsten Wortes sein:

Teller – **R**ad – **D**ieb – **B**all – ..

Zu beachten ist, daß die Gegenstände (Bilder) nicht auf "ch" oder "ck" enden. Auch ein Wort wie "Ente" kann zum Problem werden, wenn kein zweites Wort wie "Esel" zur Verfügung steht.

Spielversion 3

Je komplexer die Aufgabenstellungen in den ersten beiden Versionen werden, desto wichtiger wird die Verknüpfung mit dem Erstlese- und Erstschreibprozeß. Daher sollten wir auch daran denken, die Kinder dadurch zu entlasten, daß wir **Buchstabenkärtchen** beigeben und uns nach der Zuordnung zu den Gegenständen (Bildern) immer mehr auf das Ordnen und Kombinieren dieser Kärtchen verlegen. Mit diesen Symbolen kann flexibel und schnell verfahren werden. Auch lassen sich bestimmte sprachheilpädagogische Förderkriterien leichter verwirklichen.

Dose	Gabel	**H** aus	**S** aft	**S** aal
Dos	abel	**M** aus	**S** and	**W** al
Do	nabel	**L** aus	**S** uppe	**Sch** al
D	Schnabel	**Kl** aus	(bei phonetischen Auffälligkeiten)	(bei phonolog. Auffälligkeiten)
H				
Ho	**P** uppe	**H** ase		
Hos	**P** appe	**N** ase		
Hose	(bei Formen des Näselns)			

Inhalte:

Die Kinder lautieren die Namen der Gegenstände oder Bilder sehr deutlich, um die Anfangslaute (Endlaute) herauszuhören und deutlich sprechen zu können. Danach memorieren sie diese Laute und reihen die gefundenen Laute aneinander. Hierbei entstehen neue Wörter.

Beim Lesen werden die Laute in Buchstaben decodiert . Das Lesen der Buchstaben erfordert eine Recodierung . Das Lesen der Buchstabenfolgen ist eine serielle Leistung.

E. WÖRTER ZUSAMMENSETZEN UND ZERLEGEN

Grundlegung:

Zusammengesetzte Nomen verkürzen als morphologische Einheiten das, was wir ansonsten umständlich in ganzen Sätzen sagen müßten. Sie enthalten somit - ähnlich wie die Einwortsätze bei Kleinkindern - einen komplexen Inhalt.

Ein Beispiel:

Das Kleinkind sagt "ham" und meint je nach Betonung und Hinweisgeste: "Ich möchte gerne die Feuerwehr auf dem Schrank haben." / "Bitte, gib mir jetzt sofort..!" / Kann ich schnell einmal..?"

Als Erwachsene sprechen wir vom "Einwohnermeldeamt" und meinen ein **Amt**, in dem sich jeder **Einwohner** einer Gemeinde **anmelden** muß.

Zum Glück besitzt unsere Sprache solche "Vereinfachungen". Kinder, die in ihrer Entwicklung verzögert sind und mit dem Satzbau Probleme haben, können auf lustige Art und Weise zum sprachlichen Denken geführt werden. Bei bewußter Auswahl können trotz des morphologischen Grundanliegens auch phonetisch-phonologische und semantische Aspekte gefördert werden.

Spiel:

"Bandwurmwörter"

Spielversion 1

Neben verschiedenen Kernen liegt eine Zange. Die Kinder erkennen Kirschkerne, Zwetschenkerne, Apfelsinenkerne. Wie könnte das Werkzeug heißen ?

Kirschkernknacker; Zwetschenkernknacker..

Wer kann eines oder mehrere Wörter in einem Atemzug sprechen ?

Spielversion 2

Aus einem Karton sind verschiedene Formen ausgeschnitten: Schiff, Segel, Ente... Außerdem liegen allerlei Wegwerfmaterialien wie Schnüre, Haken, Schrauben, Korken.. bereit. Nun kann kombiniert werden:

Segelschiffsschnur, Schiffshaken, Schiffsschraube..

Was fällt auf beim Sprechen der Wörter? (Schiff**s**-..) - Was bedeuten die Wörter? Warum fällt dir das Wort "Schraubenschiff" nicht ein ?..

Spielversion 3

Aus einem Versandhauskatalog werden die verschiedensten Artikel ausgeschnitten, geordnet und evtl. als Collagen zusammengeklebt.

Zuerst werden etwa alle Schränke nebeneinander gelegt: Wohnzimmerschränke, Schlafzimmerschränke, Kühlschränke, Besenschränke..

Bei den Plüschtieren schafft man z.B. Ordnung bei den Bären: Braunbären, Schwarzbären, Koalabären, Eisbären..

Da es die Eisbären gerne kühl haben wollen, klebt man diese in den kältesten Kühl-schrank, den "Tief-Kühl-Schrank".

Die Eisbären sollen drinnen wohnen, somit haben wir einen "Wohn-Tief-Kühl-Schrank".

Aber nur Eisbären sind gewünscht, die anderen würden erfrieren. Es ergibt sich der

"Eis-Bären-Wohn-Tief-Kühl-Schrank"

Wer kann das Wort "Eisbärenwohntiefkühlschrank" sprechen, ohne "über seine eigene Zunge zu stolpern" ?

Man nutze viele lustige und sinnige Kombinationen. Ein aufs Fahrrad montierter Fotoapparat ist ein "Fahrradfotoapparat". Kreative Beispiel sind auch "Telefonwaschmaschinen", "Hosenhandpumpen", "Bleistifthäcksler" oder "Katzenbrillen".

Bevor die Materialien in Form einer Collage zusammengeklebt werden, werden diese mehrmals in Schachteln zurückgeordnet. Hierbei wird sukzessive abgebaut:

Eisbärenwohntiefkühlschrank
Wohntiefkühlschrank (Zuordnung der Eisbären zu den Eisbären)
Tiefkühlschrank (Zuordnung in die Kategorie der Tiefkühlschränke)
Kühlschrank (Zusammenfassung aller Kühlschränke)
Schrank (Zusammenfassung aller Schränke)

Inhalte:

Die Zusammensetzung der Nomen ist zunächst eine Auseinandersetzung mit der morphologischen Struktur der Wörter: Die Schiff**s**schraube ist die dem Antrieb dienende "Schraube des Schiffes". Die Form der Wörter wird "erklärbar" durch eine Ausweitung in die syntaktische Ebene. Auch der semantische Akzent ist von Bedeutung: Das Wort "Schraubenschiff" ergäbe keinen Sinn!

8. DIE SÄTZE

Grundlegung:

Die Ausformung von Sätzen kann nur gelingen, wenn Grundlagen geschaffen wurden, wie sie in den letzten Kapiteln bereits beschrieben worden sind. Insbesondere die **rezeptive Dimension** der Sprachverarbeitung ist eine immer wieder anzusprechende Vorfeldarbeit. Hier verweisen wir auf die Ausführungen in Kapitel 3.

Auch die Tätigkeiten auf der **phonologischen** und **morphologischen Sprachebene** sind bei der Satzbildung von Wichtigkeit, da alle sprachlichen Subsysteme miteinander in Verbindung stehen (Panagos) und genannte Ebenen in gewisser Weise die elementare Basis sind.

Dies heißt jedoch nicht, daß hier Hierarchien gesehen werden. Auch Sprechhandlungen auf Satzebene können elementar sein, wie etwa die Einwortsätze (Holophrasien) der Kleinstkinder zeigen. Der Pädagoge wird diese "Unschärfe" akzeptieren und mit viel Einfühlungsvermögen und seiner ganzen Erfahrung an die Sache herangehen müssen, um letztlich immer wieder individuelle Entscheidungen zu treffen.

Er wird z.B. die Persönlichkeitsstruktur eines Stotterers oder dysgrammatisch sprechenden Kindes berücksichtigen und **ganzheitlich** beurteilen, ob und wie Atemführung, Stimme, Lautbildung oder (auditive) Wahrnehmungsförderung in die Arbeit mit einzubeziehen sind. Nur andeutungsweise sei aufgeführt:

> Die "Langatmigkeit" stärkt den Selbstwert des Stotterers oder Dysgrammatikers und läßt diesen vielleicht auch **in größeren Einheiten** denken.

> Mit seiner Stimme hebt er wichtige Satzteile hervor. Die Betonung zeigt, daß etwas im Satz ein **besonderes Gewicht** erhält. Eine **rhythmisierte Sprechweise** ist anzustreben.
>
> Nach dem Prinzip des melodischen Kontrastes können auch Fragesatz, Aussagesatz und Befehlsatz voneinander unterschieden werden. Der **melodische Spannungsbogen** ist im Verbund mit dem Satzbauplan zu sehen.

> Sowohl im Wort als auch im Satz finden wir bestimmte Reihungen und Ordnungen. Der Laut ist als Bedeutungsträger und Bedeutungsunterscheider **konstituierendes Moment** für das Wort, wie es das Wort für den Satz ist.

Die genannten Punkte unterstreichen alles in allem die Forderung nach einem ganzheitlich-funktionalen und an der Gesamtentwicklung des Kindes orientierten Sprachaufbau. Als Pädagoge kann man sich mit einer sog. "Modularitätshypothese" nicht so recht anfreunden, wonach sich möglicherweise Sprache völlig autonom von anderen Funktionen entwickle. Zu vernetzt sind die Tätigkeiten im Umfeld der Sprache. Der Mensch hat eben nicht Sprache, **er ist Sprache**.

Für die Praxis der Sprachförderung ist zu sagen, daß zunächst einmal möglichst einfache und kindgerechte Handlungssituationen gesucht werden sollten, die zugleich Akzente mit sprachlich zwingender Prägnanz enthalten. Sprache und Handlungen sind nämlich nur **zwei Ausprägungen einer Tätigkeit.**

Aus methodischer Sicht ist jedoch ein bestimmtes Sprech- und Handlungsgeschehen erst anzubahnen. Es liegt auch an uns Lehrern, ob die Situationen, welche die Zielstrukturen enthalten, von den Schülern angenommen werden. Hierbei meinen wir weniger die wohlgemeinte "Verpackung" als vielmehr eine aus Freiheit und Notwendigkeit entstandene Identifikation des Schülers mit der Sache und/oder der Interaktionsstruktur.

Als **Planungsschema** wird vorgeschlagen, was Gollwitz schon einem anderen Arbeitsmaterial (Kasperltheater zum Sprechen lernen) grundgelegt hat:

Ungerichtetes Sprech-Handeln

Schaffung der Bereitschaft zum Sprechen durch zwanglosen Umgang mit dem vorgegebenen Material/ der vorgegebenen Interaktionssituation

Kerndialoge

Unter der Voraussetzung, daß die Handlungsschemata/Interaktionsstrukturen sich dem kindlichen Denken (Sinnfrage!) eröffnet haben, wird sich auch eine Sprachform ergeben, die den Realhandlungen sozusagen "gleichgeschaltet" ist

Freier Ausklang

Hier wird der Dialog mit der Sache/mit dem Partner auf lustbetonte Weise abgesichert. Dies meint die kognitive und affektive Einbettung des Sprech-Handlungsgeschehens in den bisherigen Erfahrungs- und Erlebenshorizont des Kindes

Genannt seien im Vorfeld noch einige wichtige **Spielutensilien**, die grundsätzlich geeignet sind, stringente Sprech-Handlungs-Situationen aufzubauen:

Kaufläden; Puppenstuben oder Puppenhäuser; Sandkästen mit Baufahrzeugen, Häusern..; Baukästen (Zirkus, Bauernhof, Zoo..), wie sie im Sortiment der großen Spielwarenhersteller zu finden sind; Kasperltheater..

Die zu fördernden Zielstrukturen sollten sicherlich erst einmal abgeklärt werden. Neuere Verfahren der Sprachdiagnose wie etwa die (vereinfachte) Profilanalyse nach Clahsen können eine gute Basis schaffen. Beim erfahrenen förderdiagnostischen Umgang mit Spielgeräten und Bilderbüchern erhält die Fachkraft aber ebenfalls wichtige informelle Hinweise.

Kindliche Spiele enthalten eine Fülle von Handlungselementen, die in ihren Zielstrukturen bei einfühlsamer Nutzung jederzeit auch sprachlich verwertet werden können. Einige dieser Handlungsdimensionen seien in den nächsten Abschnitten angesprochen.

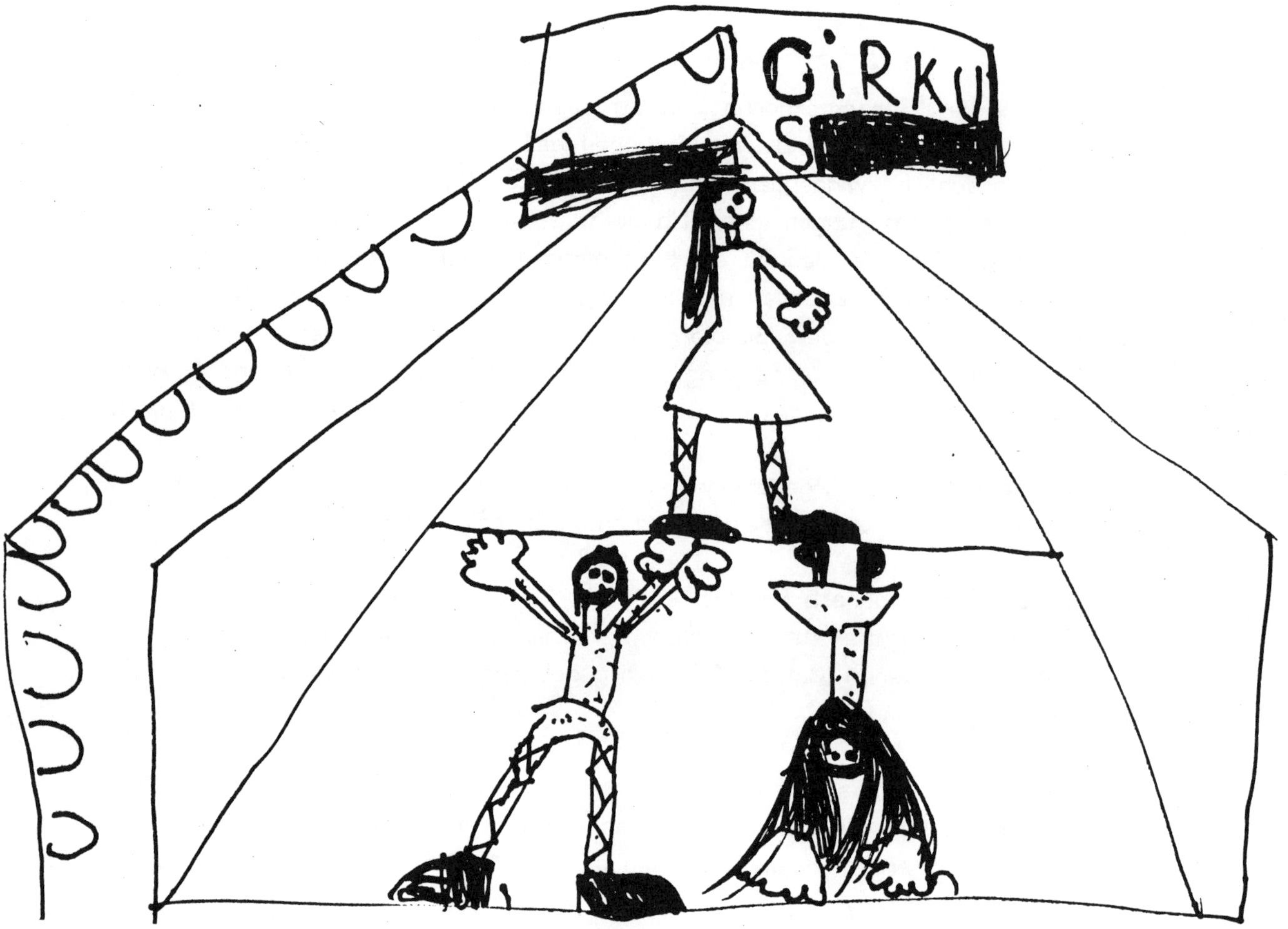
GiRKU
S

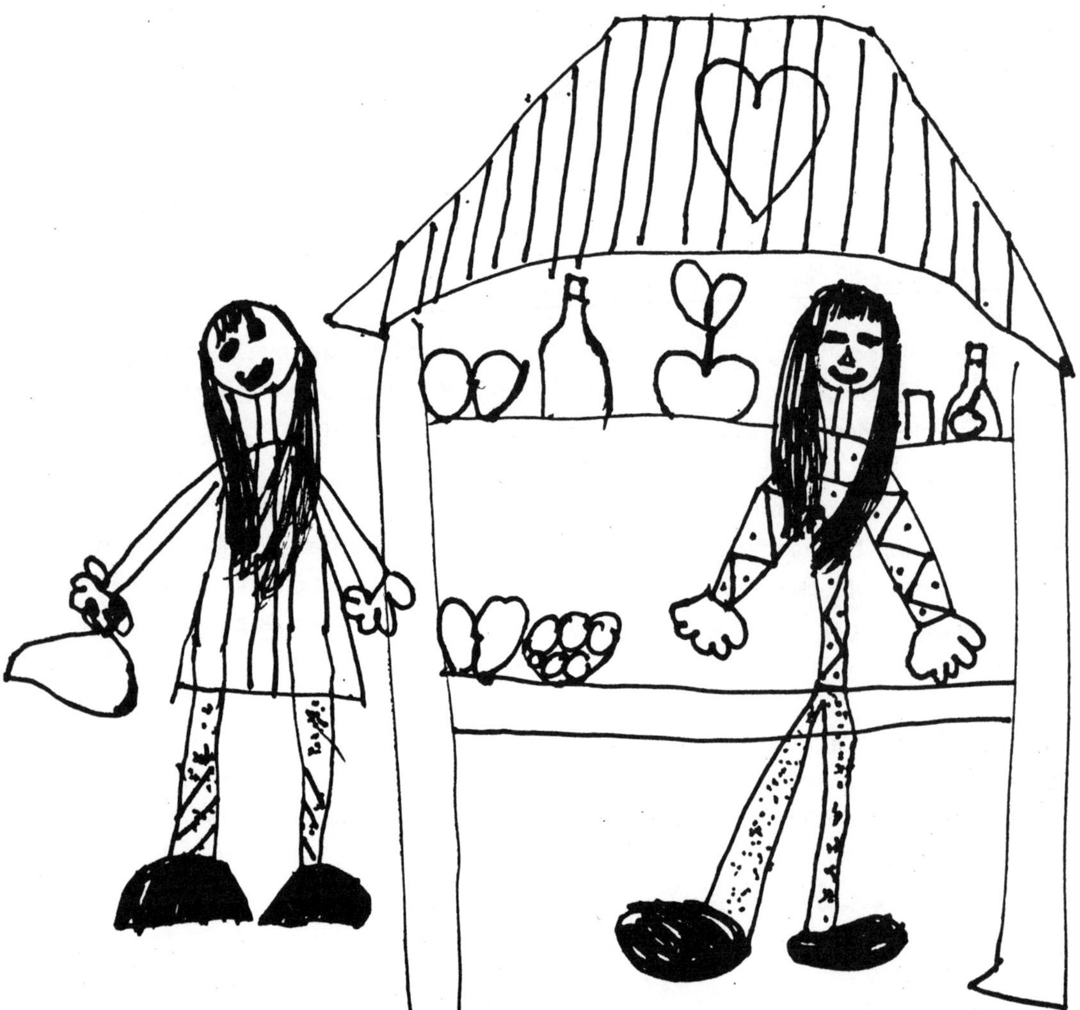

A. HANDLUNGEN MIT REZEPTIVER SPRACHWAHRNEHMUNG

Spiel:
Vier interessante Szenenbilder

Die Schüler hören angemessene Sätze eines vorbildlichen Sprechers, während sie gleichzeitig handeln oder auch Abläufe beobachten. Filme oder Fernsehaufzeichnungen auf Video sind manchmal geeignete Medien. Die Eigenhandlung oder auch filmbegleitende Handlungen ("Multi-Media-Effekt" der intensiven Einbindung!) sind aber grundsätzlich vorzuziehen. Wichtig ist die stimmlich modulierte Sprechweise des Lehrers, die Anteilnahme und Begeisterung erkennen läßt!

Szenenbild 1 : "Im Zirkus"
Der "Zirkusdirektor" kommentiert die Ereignisse in der Manege: "Meine Damen und Herren! Hier hüpft der lustige Affe!.. Das Pferd trabt; Vorsicht, jetzt galoppiert es; nein, endlich steht es still... Geben Sie gut acht, jetzt kommt der Artist. Er springt über den Ball..."

Szenenbild 2 : "Im Sportstadion"
Der "Sportreporter" spricht während der sportlichen Handlungen: "Alle Läufer gehen jetzt zum Start. Sie knien nieder. Sie warten auf den Startschuß. Peng! Sie laufen los..."

Szenenbild 3 : "Im Zoo"
Die "Familie" geht durch den Zoo: "Komm einmal her zum Affenkäfig!" "Der kleine Affe frißt gerade eine Banane, wie putzig! Und wie sein Vater da im Baum hängt, hoffentlich fällt er nicht herunter..."

Szenenbild 4: "Das Handwerkerspiel"
Der Lehrer spricht aus, was "der Handwerker gerade arbeitet": "Er nimmt seine Bürste. Jetzt taucht er sie in die Farbe. Er streicht die Farbe an die Wand..."

Man beachte, daß die passive sprachliche Leistung eines Kindes größer ist als sein aktives Sprach- und Sprechvermögen, wobei sich simultane Begleithandlungen im Sinne der Sprachverarbeitung positiv auswirken. Die sprachlichen Mittel sollten geringfügig über den Möglichkeiten des Kindes liegen, es aber nicht überfordern. Mit "Fingerspitzengefühl" verwende man dosiert schwierigere Satzkonstruktionen, die freilich auch der Belebung des Geschehens dienen. Auch bei elementarer sprachlicher Führung darf die Natürlichkeit, Farbe und Ganzheit der Situation nicht verlorengehen. Gerne übernehmen später auch die Schüler die Rolle des Sprechers, wenn diese organisch, lustig und belebend ist.

Noch eine Bemerkung zum Charakter der Handlungen, welche von den Kindern sprachbegleitend ausgeführt werden. Sie sollten als pantomimische Bewegungen nicht zu schwierig gestaltet sein. Vielleicht ist es sogar sinnvoll, diese Tätigkeiten noch an konkrete Objekte zu binden, indem man den Raum als Zirkus oder Zoo ausgestaltet. Bei wahrnehmungsgestörten Kindern sollte im Sinne der "Problemlösenden Alltagsgeschehnisse" (F. Affolter) verfahren werden.

Inhalte:

Nicht nur die aktive verbale Tätigkeit fördert die Sprachentwicklung unserer Kinder. Über Mitmachgeschichten werden sie sehr wirkungsvoll angeregt, sich mit den sprachlichen Inhalten auseinanderzusetzen. Die ausgeführten Tätigkeiten sind sozusagen **ein Sprechen mit anderen Mitteln.** Motivierend ist ein spielorientiertes und/oder sinnbetontes Tun, das in seiner ganzheitlichen Ausprägung nicht nur das Denken, sondern immer auch die Sprache fördert.

B. REPETITIVE HANDLUNGEN MIT SPRACHE

Grundlegung:

Viele Kinderspiele sind im Kern eng umgrenzte Inhalte, die sich ständig wiederholen. Es ist erstaunlich, mit welcher Ausdauer sich Kinder solchen elementaren Tätigkeiten widmen können und wie komplex die Sätze sind, die immer wieder (richtig) gesprochen werden.

Man denke etwa an das beliebte Spiel vom "Schwarzen Mann", bei dem ein Kind einer Kindergruppe gegenübersteht. Der "Schwarze Mann" ruft: "Fürchtet ihr den Schwarzen Mann ?" Die Kinder auf der anderen Seite antworten: "Nein, nein, nein!" Darauf der "Schwarze Mann": "Wenn er aber kommt ?" Es hallt zurück: "Dann laufen wir davon!" – Wer abgeschlagen wird, ist in der nächsten Runde ebenfalls "Schwarzer Mann". Dieser Dialog wird so oft wiederholt, bis alle Kinder abgeschlagen sind.

Diese alten traditionellen Spiele besitzen ohne jeglichen Zweifel eine große sprach- und persönlichkeitsbildende Kraft. Wer identifiziert sich nicht gerne gelegentlich mit dem "gefürchteten Schwarzen Mann" und ruft einer ganzen Gruppe lautstark und furchterregend zu. Die Wirkung ist viel direkter und unmittelbarer als etwa ein aktionistischer Kinderfilm.

Spiele dieser Art können oft in ihrer originalen Form übernommen werden. Die tradierten Kinderspiele sind in ihrer sprachlichen Form im allgemeinen einfacher als neuzeitliche Texte. Auch ihre persönlichkeitsbildende Kraft scheint unübertroffen.
Wir wollen sie aber auch kreativ weiterführen und in den Dienst einer sinnerfüllten Sprachförderung stellen.

Spiel:
"Das Nasenbeißerchen"

Dieses überlieferte Spiel eignet sich in seiner ursprünglichen Form im Rahmen der Sprachförderung recht gut. Die syntaktische Grundform ist konstant und prägt sich durch ständige Wiederholung ein. Der Text lautet wie folgt:

>Das ist ein Schloß.
>**In dem** Schloß ist ein Garten.
>**In dem** Garten ist ein Baum.
>**In dem** Baum ist ein Loch.
>**In dem** Loch ist ein Nest.
>**In dem** Nest ist ein Ei.
>**In dem** Ei ist ein Dotter.
>**In dem** Dotter ist ein Hase;
>der beißt dich in die Nase!

Als Begleithandlung wird vorgeschlagen, das Kleinkind im Arm zu halten und eine Kreisbewegung auf dem Körper immer kleiner werden zu lassen. Die konzentrischen Kreise haben an der Nasenspitze ihren Mittelpunkt.

Eine andere Form der erweiterten Konkretisierung erfolgt, wenn Kreidekreise wie eine Zielscheibe auf den Fußboden gemalt werden. Die Kindergruppe befindet sich anfangs auf dem äußersten Kreis. Mit jedem Satz tritt man einen Schritt weiter zum nächstkleineren Kreis. Das Signal ist jeweils der Satzanfang ("In dem"). Zum Schluß stehen sich die Kinder so nahe, daß sie sich gegenseitig in ihre Nasen beißen können.

Spiel:
"Der blinde Briefträger"

Die Kinder sitzen in einem Kreis. Ein "Briefträger" verteilt den Kindern verschiedenste Städtenamen. Nun "schaut der Briefträger auf einen Brief" und sagt: "Der Brief
geht von München nach Hamburg!" Die beiden Kinder mit den betreffenden Städtenamen tauschen schnell ihre Plätze. Der "Briefträger" wird versuchen, flink auf
einen der beiden freiwerdenden Plätze zu gelangen. Gelingt ihm dies, so wird das
andere Kind "Briefträger".

Auch bei diesem Spiel wiederholen sich stets die gleichen Handlungen. Das sprachliche Konzept wird vielleicht besser erfaßt, wenn zunächst ohne Wettbewerb geübt
wird. Je nach therapeutischem Anliegen wird man nach einem geeigneten Satzmuster
suchen.

> "Der Brief geht von Köln nach Potsdam."
> "Ich schicke den Brief von Potsdam nach Freiburg."
> "Die Bahn fährt von Freiburg nach Berlin."
> "Das Flugzeug fliegt von Berlin nach Frankfurt. Jetzt fliege los. Fff..."

Spiel:
"Packesel"

Man verwende entweder das im Handel erhältliche "Packesel-Spiel" oder nehme einfach ein Spielpferdchen. Bei diesem Geschicklichkeitsspiel muß das Eselchen mit ek-
kigen Stäbchen (Kaminhölzer, Eisstiele..) im Wechsel belegt werden. Kein Mitspieler
möchte verlieren und legt sein Stäbchen vorsichtig oben auf. An einem bestimmten
Punkte jedoch fällt infolge des Ungleichgewichts die ganze Ladung vom Eselchen
herunter.

Normalerweise verläuft die Handlung ohne Sprache. Es macht den Kindern jedoch
auch Spaß, irgendeine "Beschwörungsformel", einen "Neckspruch" oder sonst eine
Bemerkung loszulassen:

> " Eselchen, du mußt das Hölzchen tragen! "
> " **Ich** kann beladen! – **Du** kannst es nicht! " usw.
> "Magst du einen Hund tragen? – .. Magst du einen Elefanten tragen?"
> (die Lasten werden immer größer und schwerer!)

Es bleibt uns überlassen, welche Zielstruktur wir in den Satz einbauen. Stets werden die gleichartigen Tätigkeiten von gleichartigen verbalen Handlungen begleitet.

Variante:

Das Eselchen kann auch mit kartonierten Bildern oder Wortkärtchen belegt werden. Auf diese Weise kann die Art der Lasten ausgewählt werden.

Spiel:
"Felderhüpfen"

Hüpffelder sind im Zusammenhang mit dieser Arbeit Platzhalter für verschiedene Nomen, Verben oder Adjektive. Je nach inhaltlicher Ausrichtung werden Spielideen entwickelt, die in adäquater Weise Sprache fördern. Durch die ständig sich wiederholende Handlung des Hüpfens in Verbindung mit gleichgerichteten Satzmustern werden letztlich sprachliche Kompetenzen geschaffen.

Gehüpft werden kann ein- und beidbeinig, in einfachen Sprüngen oder auch in Kreuzsprüngen. Es können Steinchen beim Hüpfen in diejenigen Felder geschnellt werden, in die anschließend gehüpft werden soll. Es kann nach Würfelzahlen gehüpft werden. Einige Felder sind "Verbotsfelder", die übersprungen werden müssen...

Hinweis:

Es bleibt **nicht** beim "Rahmen", der erlernt (und vergessen) wird, wenn folgende Punkte beachtet werden:

Die Auswahl der Sätze muß elementar genug sein.

Die Sätze müssen häufig und rhythmisiert dargeboten werden.

Die Sprechhandlungen werden nicht verfrüht abgekoppelt von der konkreten Tätigkeit.

Das Spiel wird vom Schüler nicht als Drill verstanden. Er kann sich voll mit den Inhalten identifizieren, hat also Spaß und Sinnerfüllung.

Das Spiel wird nicht als "Endform" betrachtet. Die Sätze werden in weiteren Einheiten flexibel und kreativ verändert. – Es geht am Ende darum, die einzelnen und teilweise "noch nicht perfekt verstandenen Mosaiksteine zu einem geschlossenen Bild zu vereinen".

Es folgen drei Beispiele, bei denen jeweils eine andere Wortart als Platzhalter eingesetzt ist.

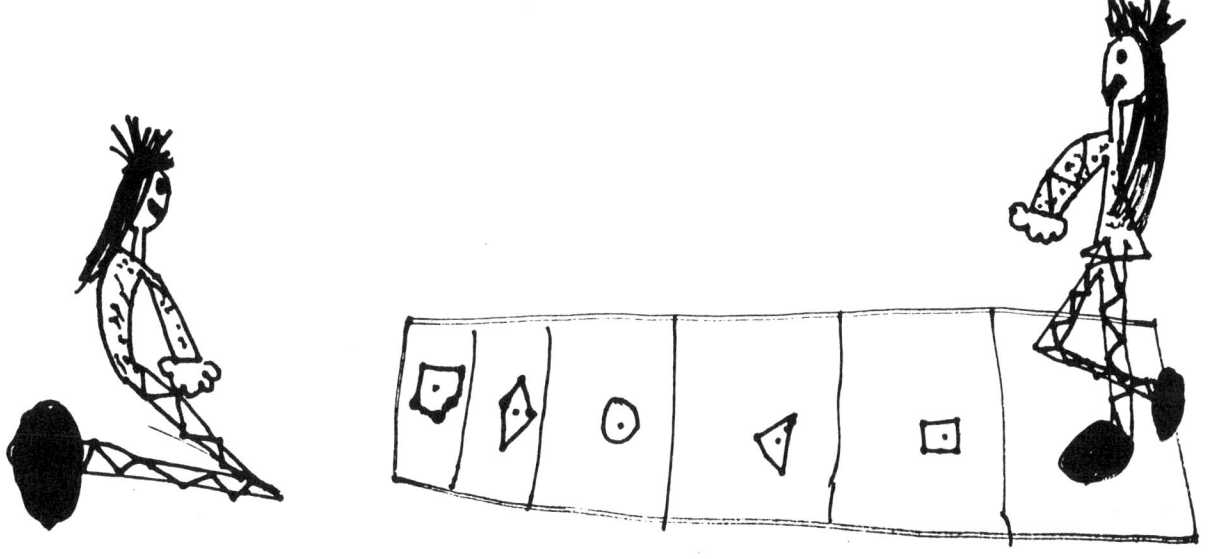

Das Nomen als Platzhalter : "Mein Lieblingsgericht"

In verschiedene Felder wird gemalt (Alternative: selbst gemalte Kärtchen aus legen), was den Kindern besonders schmeckt, z.B. Pfirsichkuchen, Erdnüsse, Entenbraten... Einzelne Felder sind leer oder sie enthalten "eklige" Motive wie Fischgräten, Knochen und Giftpilze.

Man legt eine bestimmte Hüpfweise fest und einen Spruch, auf den man hüpft; etwa:

"Das ist meine Lieblingsspeise, meine Lieblingsspeise ess' ich gern!"

Ist man gehüpft, so betrachtet man im erhüpften Feld die Speise. Danach hüpft man einige Male weiter und kommt - völlig willkürlich - zu den unterschiedlichsten Ergebnissen . Simultan oder aus der Erinnerung spricht man:

"Ich esse einen Braten, einen Knochen, einen Kuchen..."

Hinweis:

Eine Genus- oder Numerus-Variation kann bei Bedarf durch eine geeignete Auswahl der Motive vermieden werden.

Das Verb als Platzhalter: "Die Gangarten der Tiere"

Ein Elefant, ein Känguruh, ein Krokodil und weitere Tiere mit typischen Gangarten werden in die Felder gezeichnet oder als Bildkarten ausgelegt. Danach hüpfen die Kinder nach folgendem Spruch rhythmisch:

"Es kriecht, es hüpft, es stampft, macht Krach!
Bin ich im Felde, mach' ich's nach!"

Im Felde angekommen, imitiert das Kind die Gangart des Tieres und spricht mehrmals:

"Ich hüpfe , ich hüpfe..."

Danach kann weitergehüpft werden.
Wenn man auf dem Feld des Vogels landet , "fliegt man aus dem Spiel heraus".

Das Adjektiv als Platzhalter: "Schnell oder langsam"

Die Spielfelder werden mit Schnecken- oder Schwalbenmotiven versehen. Dies sind Symboldarstellungen für "langsam" und "schnell". Ein Würfel bestimmt, wie oft gehüpft werden darf . Neben dem Hüpffeld liegen Bilder mit Fahrzeugen.
Hüpft ein Kind in ein Feld mit der Schnecke, so darf es sich ein entsprechendes Fahrzeug-Bild holen, z.B. das Fahrrad. Es spricht:

"Das Fahrrad ist langsam"

Reihum darf jedes Kind immer zwei oder drei Mal hüpfen. Da die Anzahl der Bildkarten begrenzt ist, erhalten nach einiger Zeit nicht mehr alle Kinder ein Bild. Es sind z.B. gegen Ende des Spiels nur noch zwei Bilder mit schnellen Fahrzeugen verfügbar. Im Idealfall gibt es keine Verlierer, wenn die Karten gleichmäßig abgetragen werden.

Spiel:

"Neckverse"

Viele kindlichen Neckverse sind elementare Sprechweisen, welche das augenblickliche lustige Handlungsgeschehen verbalisieren.

Als Beispiel sei ein Neckspiel genannt, das besonders ansprechend ist.

In der Mitte eines Kreises sitzt "Nix", um den die anderen Kinder spottend herumtanzen und rufen:

> "Nix in der Grube, du bist ein böser Bube!
> Wasche deine Beinchen mit runden Kieselsteinchen!
> Nix, greif zu!"

Während die im Kreis tanzenden Kinder dieses Verslein sprechen, streichen sie rhythmisch mit dem Zeigefinger der einen Hand über den in Richtung "Nix" gerichteten ausgestreckten anderen Zeigefinger (Spottgebärde). "Nix wäscht mit gespieltem Ärger seine Beinchen". Erst bei der letzten Verszeile wird es für die anderen "gefährlich". Sobald das letzte Wort gesprochen ist, "startet Nix aus seinem Loch" und versucht eines der Kinder zu erwischen, die nach allen Seiten wegflüchten. Das gefangene Kind muß den "Nix" ablösen.

Abgesehen von der ausdrucksfördernden und kathartischen Bedeutung dieses Spiels sei betont, daß die ungezwungene Wiederholung der gesetzten sprachlichen Strukturen einen wunderbaren Einfluß auf die kindliche Persönlichkeitsbildung ausübt.

Will man nun bestimmte Zielstrukturen im Spiel nach dem Prinzip der Häufigkeit (Wiederholung) besonders hervorkehren, so können verschiedene Passagen im Text verändert werden. In diesen sprachlichen Varianten, die zugleich auch Varianten der Handlung sind, lernt das Kind, sich **konkret** und **flexibel** auf einen bestimmten Spielakzent zu konzentrieren:

> "Nix, greif zu!" wird zu "Fauch mich an!"; "Brüll mich an!"; "Schlag mich ab!"..

Man kann auch den gesamten Spielcharakter zum Positiven verändern, indem man ruft:

> "Nix in der Grube, du bist ein lieber Bube!
> Du bist nicht allein, wir kommen zu dir herein!
> "Wir kommen jetzt!"

Anschließend "kommen die Kinder in die Grube" und überhäufen das Kind mit Lob und "Streicheleinheiten". Eines der Kinder wird von "Nix" wegen seiner Worte und Handlungen besonders ausgezeichnet: es darf den "Nix" spielen.

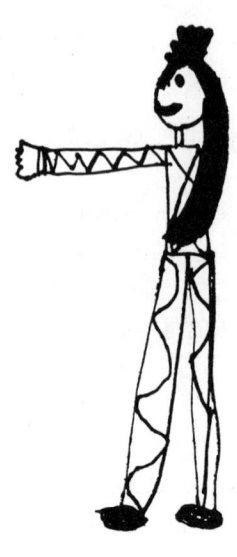

Spiel:

Spiel- und Tanzlieder

Die meisten Spiellieder für Kinder enthalten sehr konkrete Handlungsinhalte. Leider verlaufen die Melodielinien nur selten nach dem Prinzip der natürlichen Stimmführung beim Sprechen. So ist etwa beim Lied "von der schwarzen Köchin" die zu Beginn gesungene Frage "Ist die schwarze Köchin da?" nicht wie beim betonten Sprechen eine ansteigende Melodielinie, sondern ein Ansteigen und ein Abfallen, wie wir es vom Aussagesatz her kennen. Auch die vielen Fragesätze in "Bruder Jakob" entsprechen nicht den Prinzipien der melodischen Sprachführung.
Wir finden es in gleicher Weise bedenklich, wenn z.B. beim Lied "Ist ein Mann in Brunnen g'fallen.." ausgerechnet dieser Sprachinhalt "nach oben gesungen" wird.

Wir erkennen überdies immer wieder, daß insbesondere sprachauffällige Kinder auch beim Singen ihre Probleme haben. Aus diesem Grunde meinen wir, daß dieses "erste Singen", von dem hier die Rede sein soll, mehr auf ein handlungsbegleitetes "überhöhtes" Sprechen hinauslaufen sollte. Dieses **melodische Sprechen** ist ein ganzheitliches Ausdrucksverhalten, bei dem die Stimme zusätzlicher Informationsträger ist.

Die Einbeziehung melismatischer Akzente war schon immer das Anliegen einer natürlich-funktionalen Sprecherziehung: So unterstreichen Betonungen mit Hochton und Lautstärke das Wesentliche im Satz; ein Interrogativsatz kann aufgrund seiner stimmlichen Führung ohne Berücksichtigung seiner syntaktischen oder semantischen Qualitäten von einem Imperativsatz unterschieden werden.

Was bei vielen Spielliedern jedoch beeindruckt, ist ihre Unmittelbarkeit und Selbstverständlichkeit, mit der sie zur begleitenden Handlung anregen. Eigentlich kann ohne viel Vorbereitung und Belehrung sofort mit der Handlung begonnen werden. Wer sich als Erwachsener von der elementaren Kraft dieser Lieder beeindrucken läßt, wird schnell auch selbst auf die Idee kommen, beim spielerisch-sprachlichen Umgang mit Kindern, mit Stimme und Bewegung zu gestalten.

An dieser Stelle sei die Grundhaltung lediglich einmal am Beispiel des bekannten Spielliedes vom "Bruder Jakob" erläutert. Gehen wir einmal nur vom Text aus:

"Bruder Jakob, – Bruder Jakob, – schläfst du noch ?"

In diesem Anfangsteil wird beim **anteilnehmenden Sprechen** die Stimme ganz natürlich drei Mal erhoben. In der Mitte liegt "schlafend der Bruder Jakob". Die Kinder im Kreis erheben also drei Mal ihre Stimme und reißen etwas ratlos wirkend und kopfschüttelnd ihre Arme nach oben. Je mehr sprachbegleitende Aktivitäten im Spiel "erlaubt" sind, desto stärker ist die Identifikation mit der Situation, die sich wiederum sprach- und ausdrucksfördernd auswirkt. Das eine oder andere Kind geht also hin und schüttelt den "schlafenden und schnarchenden Bruder, der einfach nicht wachzukriegen ist".

Danach wiederholt die Kindergruppe ihre Frage noch mehrmals in stimmlich und gestisch unterstützter Weise:

"Schläfst du noch? – Schläfst du noch?"

Die Kindergruppe wird immer aktiver in relativ freien und interessierten Gesprächen:

"Der schläft ja noch!" (Abwinkende Handbewegung zur abfallenden Stimme)
"Ist das nicht eine Schlafhaube?" (Ansteigende Melodielinie und und aufwärts strebende Hände)
"Hallo!" (Hände sind trichterartig vor dem Mund) "Schläfst du wirklich?"

Die Kinder freuen sich, je häufiger sie diese Sprech-Handlungen ausführen, immer mehr über die ausdruckshaften Möglichkeiten, die sie besitzen. Auch die Fortsetzung des Spielliedes soll nicht einfach "abgesungen" werden:

"Hörst du nicht die Glocken?" "Hörst du wirklich keine Glocken?"

Auch das mehrmalige Schütteln und der ganz natürlich-aggressive Aufschrei ("Du hast wohl Bohnen in den Ohren!") hilft nicht. Wie befreiend auch für den "Bruder Jakob", der einmal wirklich alle Normen über Bord werfen darf!

Hinweis:
Die permanente Übung durch mehrmalige Wiederholung des ganzen Spielliedes an mehreren Tagen verfestigt hier auf vortreffliche Weise das Verbflexiv "-st" ("schläfst", "hörst") im Kontext mit dem Pronomen "du". In weiteren Spielen sollte ein Transfer auf neue Situationen gesucht werden.

Inhalte:

Das kindliche Leben ist geprägt von Wiederholungshandlungen, die der Entwicklung von Handlungs- und Sprachfunktionen dienen. Die vielen Kinderspiele zeigen, daß dies keinesfalls mechanistische und von außen gesetzte Tätigkeiten sind. Sie sind geprägt von einer Haltung der Freiheit und freiwilligen Bindung.

C. SPRACHLICHE ENTSCHEIDUNGSHANDLUNGEN

Grundlegung:

Wer kennt sie nicht, die einfachen Spiele aus der Kindheit, bei denen man sich für "Zahl oder Wappen", "den kurzen oder langen Stab", "die linke oder die rechte Hand" entscheiden mußte? Solche Entscheidungsfragen enthalten klare Zielstrukturen und laufen inhaltlich auf die Dimensionen "Gewinnen oder Verlieren" hinaus.

Auch bei alltäglichen Entscheidungen steht das Kind solchen Zielfragen nicht gleichgültig gegenüber:

> "Möchtest du lieber ein Erdbeereis oder einen Müsli-Riegel?"
> "Kochen wir uns etwas Süßes oder etwas Saures?"

Das Kind antwortet meist elliptisch und sagt: "einen Müsli-Riegel". Wir erkennen, daß es die Frage verstanden hat und daß die Fragestellung angemessen war.

Bei der Auswahl und Gestaltung von Spielformen zur Förderung von Entscheidungshandlungen sollten wir die kindlichen Interessen und Vorlieben in den Mittelpunkt stellen. Auch hier gilt selbstverständlich das Prinzip der permanenten Wiederholung.

Spiel:
"Kribele, krabele in die Hand"

Die tradierten Sprechverse für die ganz Kleinen sind oft **Hand- und Fingerspiele**. Besonders reizvoll finden wir folgendes Spiel. Der Erzieher sagt:

> "Kribele, krabele in die Hand. Feuer, Wasser oder Sand ?"

Gleichzeitig kitzelt er mit seinen Fingern das Kind in seiner nach oben gerichteten Handinnenfläche. Danach entscheidet sich das Kind und freut sich an seinen Entscheidungen:

> Bei "Sand" streicht der Erzieher mit weichen Fingerkuppen wie "rieselnder Sand" sanft über die geöffnete Handinnenseite. – Sprachfördernd ist, wenn simultan ein "S" lautiert wird.

> Bei "Wasser" streift der Erzieher eher flächig "wie ein Wasserstrahl" über das Innere der Hand. – Hierbei sollte zur gleichen Zeit ein etwas dumpferes "SCH" lautiert werden.

> Meist erst später ruft das Kind auch "Feuer" und lacht, wenn es in die Hand gezwickt wird. – Der etwas härtere "KR" paßt wohl am besten zur Handlung.

Spiel:
"Adam oder Eva"

Hinter dem Rücken eines Kindes befinden sich "Adam" und "Eva". Einer der beiden zwickt, rupft oder streichelt das Kind. Man fragt:

"War es Adam oder Eva?" "Hat dich die Eva oder der Adam gezwickt?"

Mit einiger Übung nehmen manche Kinder die Berührungen sehr feinfühlig wahr!

Spiel:
Münz-, Kugel- oder Würfelspiele

Münzen, markierte Plättchen oder flache, bemalte Steinchen besitzen unterschiedliche Seite und können zwei Merkmale symbolisieren. Mit ihnen lassen sich eine Fülle von Entscheidungsspielen durchführen wie z.B. "Himmel und Hölle", "Essen oder Trinken", "Spaß oder Ernst".

Je nach Interessenlage und Sprachstand werden beim Münzwurf Sätze formulieren:

"Willst du das Schäfchen oder den Wolf streicheln?"
"Schwimmt das Boot oder kippt es?"
"Magst du Brot oder Baumrinde essen?"

Der Münzwurf bringt die Entscheidung, die auch negativ ausfallen kann. In diesem Falle werden die Rollen gewechselt.

Beim **Kugelspiel** grabe man zuvor in den Erdboden zwei oder mehrere Löcher. In Räumen kann man als Alternative auch Felder auslegen, auf die später die Kugeln rollen sollen. Die Löcher oder Felder repräsentieren – ähnlich wie beim Münzspiel – die Entscheidungsmöglichkeiten. Der Vorteil ist jedoch, daß die Entscheidungen nicht auf die Zahl "zwei" begrenzt ist.
Plant man ein Spiel mit den Elementen "Feuer", "Erde", "Wasser" und "Luft", so legt man im Raum farbige Symbolblätter aus, hier: rot, braun, blau und weiß. Bevor geschussert wird, stellt man sinnige Fragen folgender Art:

"Braucht der Fisch Feuer, Erde, Wasser oder Luft?"
"Braucht das Eisen../die Blume../das Flugzeug..   ..?"

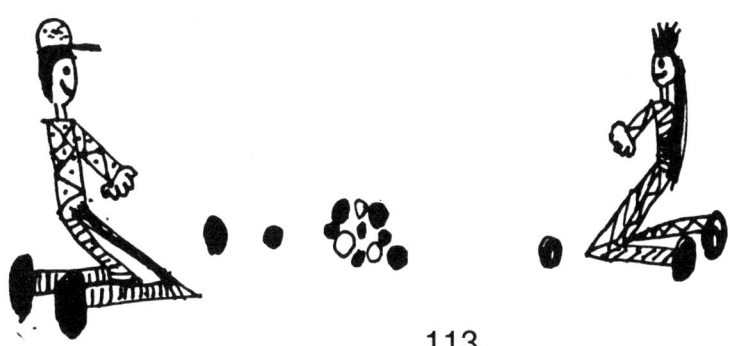

Beim **Würfeln** ergeben sich maximal sechs Entscheidungsmöglichkeiten, die man allerdings nicht alle nutzen muß. So könnte man die handelsüblichen Blankowürfel mit zwei, drei oder aber sechs Motiven bemalen oder bekleben.

Bei einer größeren Zahl von Entscheidungen bieten sich auch ganz alltägliche Dinge an. Gehen wir etwa vom Tagesablauf nach dem Aufstehen aus, so können wir den Würfel mit sechs Motiven bekleben und daneben diese Motive auf einem Papier noch einmal vor jedem Mitspieler auslegen:

1.   Zahnbürste
     "Ich putze die Zähne!"
2.   Tasse
     "Ich trinke den Kakao!"
3.   Kleidung
     "Ich ziehe mich an!"
4.   Waschlappen
     "Ich wasche mich!"
5.   Kamm
     "Ich kämme mich!"
6.   Schule
     "Ich gehe zur Schule!"

Die gewählten Sätze werden dem jeweiligen Sprachstand der Kinder angepaßt. Das Kind lernt sukzessive die einzelnen Piktogramme zu versprachlichen.

Der Spielverlauf ist wie folgt:
Der Lehrer fragt: "Was tust du nach dem Aufstehen?"
Das Kind schafft ein Entscheidungsfeld: "Ich wasche oder kämme mich!"
Nach dem Würfeln stellt es fest, ob seine Aussage zutrifft. Im günstigen Fall würfelt das Kind den Waschlappen oder den Kamm. Dann sagt es: "Ich wasche mich" und belegt das entsprechende Feld auf dem bereitliegenden Papier mit einem Steinchen. Das Kind darf nun weiterwürfeln.
Wenn das Kind Pech hat, dann würfelt es ein Motiv, das nicht zu seinem Entscheidungsfeld paßt, hier z.B. die Zahnbürste. In diesem Fall gibt das Kind seinen Würfel an den nächsten Mitspieler ab. Das Spiel endet dann, wenn einer der Mitspieler alle Felder belegt hat.

Inhalte:

Sprachliche Entscheidungshandlungen resultieren aus zielgerichteten kognitiven Tätigkeiten. Sie setzen voraus, daß die zuvor gestellten Fragen wahrgenommen, memoriert und verarbeitet wurden.

D. ADDITIVE HANDLUNGEN MIT SPRACHE

Grundlegung:

Während im letzten Abschnitt die Entscheidung "für oder gegen etwas", das **ausschließende** Denken also, geübt wurde, erscheinen hier Übungen mit additiven Charakter (das **einschließende "Und"**). Ein typisches Spiel ist das tradierte "Koffer packen", bei dem reihum jedes Kind etwas Neues dazupacken soll, zuvor aber – aus der Vorstellung heraus – die bereits im Koffer befindlichen Gegenstände sprachlich wiederholen soll:

"Ich packe in den Koffer eine Bürste, eine Hose, ein Buch **und** einen Stift!"

Erst zum Schluß erscheint also der neu erdachte Gegenstand, der jetzt ebenfalls memoriert werden muß.

Anders geartet sind kombinatorische Aufgaben, wie man sie im pränumerischen Rechnen der ersten Grundschul-Jahrgangsstufe findet:

Das Ei wird dem Eierbecher zugeordnet, der Deckel dem Topf, das Küken der Henne und dem Hahn...

Immer nur zwei von ihrer Funktion her zusammengehörende Objekte werden konkret und sprachbegleitet einander zugeordnet.
Es ist eigentlich sehr naheliegend, nach Spielformen zu suchen, bei denen dieses Handeln, Denken und Sprechen entwicklungsfördernd miteinander verbunden wird.

Spiel:
"Wir backen einen Kuchen"

Verschiedene Backwaren werden in die Mitte eines großen Kindertisches gestellt. Eine leere Schüssel mit einem Rührbesen wird sodann reihum gegeben. Das erste Kind sieht eine Backware und spricht, während es in der Schüssel rührt: "Rrr... – ich rühre das Mehl!"
Das nächste Kind erweitert additiv: "Rrr.. – ich rühre das Mehl und den Zucker!"
Die Sätze werden von Mal zu Mal länger: "Rrr.. – ich rühre das Mehl, den Zucker und die Milch!"
Irgendwann ist das Gedächtnis eines Kindes überfordert. Es kann die Backzutaten nicht mehr in der richtigen Reihenfolge wiedergeben. Dann "helfen alle Bäcker zusammen": "Wir brauchen noch Eigelb!" – "Wir brauchen noch Eigelb und Salz!"
Immer fließt spontan und ganzheitlich eine vitalisierende Idee ein. So könnte noch pantomimisch gekostet werden. Man "holt sich mit langem Arm einen Apfel, riecht daran, zerschneidet ihn..." Danach wird versprachlicht: "Wir brauchen noch Äpfel!" – "Wir brauchen noch Äpfel und Rosinen!" – "Wir brauchen noch Äpfel, Rosinen und Zitronensaft!"..

Spiel:
"Die Bremer Stadtmusikanten"

Der Lehrer erzählt die Geschichte von den Bremer Stadtmusikanten. Der Handlungsteil wird von den Kindern nachgespielt und -gesprochen:

"Ich steige auf den Esel!"
"Ich steige auf den Esel und den Hund!"
"Ich steige auf den Esel, den Hund und die Katze!"

oder:

"Ich stehe auf dem Esel und dem Hund!"
"Auf mir steht der Hahn und die Katze!"

Es ist ratsam, den "Esel" unter einem Stuhl aufzustellen. Der "Hund" kann sodann auf diesen Stuhl knien, während die "Katze" auf dem Stuhl steht. Der "Gockel" steigt schließlich auf einem Tisch hinter dem Stuhl und kann über alle anderen hinwegsehen.

Spiel:
"Das Gewitter"

Eine größere Gruppe von Kindern möchte ein Gewitter spielen. Zunächst überlegen die Kinder selbst, mit welchen Gestaltungselementen dieses Gewitter als Geräuschgeschichte veranstaltet werden könnte. Man einigt sich auf ein Konzept, das etwa der unteren Darstellung entspricht. Dann werden die Rollen auf einzelne Kinder oder Kleingruppen verteilt.

"Es tröpfelt!" - Die Kinder tippen mit einigen Fingerkuppen leicht gegen den Tisch und lautieren: "D-d-d..".

"Es regnet!" - Alle Fingerkuppen schlagen schneller und kräftiger gegen den Tisch. Lautiert wird ein "Rrr..".

"Es gießt!" - Die Dynamik des Geschehens wird weiter gesteigert. Die ganzen Finger klappern auf dem Tisch. Das "Rrr.." wird zu einem "CHch..".

"Es stürmt!" - Die Handflächen reiben über die Tischflächen. Simultan wird ein "SCHsch.." gebildet.

"Es hagelt!" - Die Hände werden umgedreht. Die Fingernägel schlagen hart auf die Unterlage. Der passende Laut ist ein "K-k-k..".

"Es blitzt!" - Die Hände und Arme werden mit einer Zick-zack-Bewegung nach unten gerissen. Der Laut "Tzz.." ist angemessen.

"Es donnert!" - Die Füße stampfen kräftig gegen den Boden. Gleichzeitig wird ein lautes "Bum" oder "Peng" gerufen.

Wenn die Inhalte erprobt und verstanden sind, gibt der Lehrer die Anweisungen. Er sagt zunächst etwa: "Es tröpfelt!" – danach: "Es tröpfelt und blitzt!" – später: "Es stürmt und regnet!" usw.

Je nach sprachlichem Auftrag fühlen sich die jeweils eingeteilten Kinder angesprochen.

Die Rolle des Lehrers wird später auch von dem einen oder anderen Schüler übernommen. Neben der sprachlich korrekten Ausführung ist natürlich auch an einen gewissen dramaturgischen Ablauf beim Aufzug des Gewitters zu denken.

Besonders wirkungsvoll ist folgende Variante:

Die Kinder spielen das Gewitter nach stummen Hinweisgesten von seiten des Lehrers oder eines Schülers. Einzelne Kinder sollen nur über das Gehör wahrnehmen und wiedergeben, was sie gehört haben : "..Jetzt hagelt und blitzt es. Es gießt, stürmt und donnert!.."

Schwieriger sind die Umsetzungen, wenn der Lehrer schließlich das ganze Geschehen in eine Geschichte einkleidet:

> "Dicke Wolken hängen am Himmel. Die Vögel fliegen ganz tief über dem Erdboden. Ich gehe am Waldrand entlang. Plötzlich spüre ich einige Regentropfen.."

An dieser Stelle reagieren die Kinder. Sie rufen: "Es tröpfelt!" und beginnen ihr Spiel.

Hinweis:

Im gegebenen Fall lernt das Kind zusätzlich, das pronominale Subjekt ("es") mit dem Verbflexiv ("-t") kongruent zu verbinden.

Inhalte:

> Der konkrete Umgang mit der Sache bzw. die Spielhandlung löst gleichgerichtete (isomorphe) Sprachhandlungen aus. Das Prinzip der additiven Aneinanderreihung wird ganzheitlich sowohl in der Handlung als auch in der Sprache erkannt.

9. DER SINNGELENKTE SPRACHAUSDRUCK

A. DIE KOGNITIONSORIENTIERTE VERSPRACHLICHUNG

Grundlegung:

Ohne die Kinder in ein verfrühtes Kategoriendenken zwängen zu wollen, seien hier Prozesse angesprochen, die bei der allgemeinen Denkentwicklung und der sprachlichen Entfaltung eine große Rolle spielen. **Denken**, **Sprechen** und **Handeln** sind eigentlich gleichgerichtete und synergetische Tätigkeitsbereiche: Bestimmte Denkinhalte verlangen demnach ihre spezifischen konkret-instrumentellen Zugriffe und Sprachformen.

Die nun folgenden **Fähigkeiten** sind geeignet, sowohl geistige als auch sprachliche Ordnungen aufzubauen:

Die Fähigkeit, einfache Sachverhalte und sprachliche Ausführungen kognitiv zu erfassen, einzuprägen und zu verarbeiten (**Aufnahme / Speicherung / Verarbeitung**)

Die Fähigkeit, Unterscheidungen zu treffen (**Diskrimination**)

Die Fähigkeit, in einer Menge bestimmte zusammengehörige Elemente zu erkennen (**Segmentation**)

Die Fähigkeit, in Über- und Unterordnungen zu denken (**Klassifikation**)

Die Fähigkeit, sinnvolle Reihenfolgen zu bilden (**Seriation**)

Die Fähigkeit, immer größere Einheiten kognitiv zu erfassen und einzuprägen (**Überordnungen höheren Grades; superstrukturelle Aufnahme und Verarbeitung**)

Die nun folgenden Spiele wenden sich ohne Anspruch auf Vollständigkeit in exemplarischer Form diesen Bereichen zu.

Hinweis:

Die als "**Spiel**" gekennzeichneten Beispiele fördern eher ein **Denken mit sprachlichen Mitteln,** wohingegen bei der "**Übung**" ein **Denken in der Sprache (Metasprache)** geschieht. Es erscheint dann noch der Zwischenbereich "**Spiel/Übung**".
Trotz dieser schematischen Einteilung wird für die Praxis eine ganzheitliche Sicht empfohlen, bei der beide Ebenen ineinandergreifen.
Sprache ist stets mit der handelnden und denkenden Tätigkeit aufs engste verbunden. Sprache ist sympraktisch und funktionell !

Spiel:

"Wir fotografieren!"

Aufnahme – Speicherung – Verarbeitung

Ein Kind betrachtet durch seinen "Fotoapparat" (Schachtel mit Loch; Toilettenpapier-Rolle..) einen Teil eines Raumes. Nach einer angemessenen Zeit sagt es "klick", setzt sich und schließt die Augen. Das "Foto" ist nun ein inneres Vorstellungsbild, welches vom Lehrer abgefragt werden kann:

"Wie viele Bilder hängen an der Wand?"
"Welche Farbe hat der Ball (neben dem Stuhl) ?"
"Wohin schaut die Spielzeugente?"

Jede Frage wird einzeln beantwortet. Wir fordern keine vollständigen Antwortsätze, sondern begnügen uns mit elliptischen Ausführungen. Die Struktur jeder Antwort zeigt, ob das Kind die Fragen verstanden hat. Hier sind es z.B. die Dimensionen "Zahl", "Farbe" und "Richtung".

Voraussetzung für Tätigkeiten dieser Art ist immer das Interesse und die innere Betroffenheit des Kindes. Identifiziert es sich etwa mit einem Detektiv oder fühlt es sich provoziert, weil bei einem zweiten Durchgang ein Spielzeug weggekommen ist oder weil etwas ins Zimmer gestellt wurde, was fehl am Platz ist.

Übung:

Fehler aus einem Text heraushören

Aufnahme – Speicherung – Verarbeitung

Eine Geschichte wird entweder aus dem Stegreif erfunden oder aber an eine Bildvorlage geknüpft. Man erzählt, indem bestimmte Fehler in die Ausführungen eingebaut werden:

"Ich habe ein Pfund **Äpfel** gekauft und in meiner **Tasche** verstaut... Dann war ich hungrig und wollte mir einen Apfel aus dem **Korb** nehmen... Zuhause legte ich die **Birnen** in eine Schale..." (Veränderung der Nomen)

"Ich **eile** in die Stadt. Schnell will ich vor Geschäftsschluß noch ein paar Äpfel kaufen und **schlendere** an den schönen Läden vorbei. Ich habe Glück und komme noch rechtzeitig in den Laden... Die Verkäuferin **bezahlt** meine Äpfel..." (Veränderung der Verben/ des Verb-Gebrauchs)

"Das **fröhliche** Kind sah im Zoo viele Tiere. Besonders gefielen ihm die Affen, die es **traurig** anschaute..."(Veränderung des Adjektivs)

Die Kinder hören meist gerne zu und erfassen oft die verfälschten Texte mit großer Genauigkeit. Je nach Förderintention kann auch ohne Bezug auf einzelne Wortarten semantisch global verfälscht werden:

> "Der Bäcker brachte sehr früh am Nachmittag die Post. Er wollte gerade den Brief in die Mülltonne werfen. Doch da kam der Hund Karo. Der Briefträger knurrte ihn an und biß den Hund. Dieser schrie so laut auf, daß die ganze Nachbarschaft aufgeweckt wurde..."

Spiel:

Fehlerbilder

Diskrimination

Ein (selbst gefertigtes) Bild wird kopiert, wobei einzelne kleinere Bildteile überdeckt werden. Die Kopie enthält also einige Details weniger als das Original. Die Kinder sollen die Unterschiede erkennen und je nach Förderabsicht verbalisieren:

> "Die Flasche fehlt! – Der Hut fehlt!.."
> "Wo ist der Hut? – Wo ist der Eimer?.."
> "Ich male die Nase ein. – Ich male..."
> usw.

Die fehlenden Bildteile können auch aus einer zweiten Kopie des Originalbildes herausgeschnitten und ins Fehlerbild gelegt bzw. geklebt werden.

Übung:

Richtig auswählen

Diskrimination

Version 1
Die Kinder sehen Bilder, auf denen verschiedene Dinge zu sehen sind, beispielsweise:

> Haus, Maus, Laus / Hase, Vase, Nase / Tanne, Wanne, Kanne

Der Lehrer sagt: "Zeige ›Hase‹!" usw.

Version 2

In einem Spielzimmer liegen alle möglichen Spielzeuge herum. Das Kind schaut sich erst einmal genau um bevor der Lehrer zwei oder mehrere Sätze sagt, aus denen das Kind den richtigen Satz auswählen soll:

> "Der Ball ist **auf** dem Tisch!"
> "Der Ball ist **unter** dem Tisch!"
> "Der Ball ist **neben** dem Tisch!"

Schülern, die beireits lesen können, kann auch ein geschriebener Lückentext gegeben werden, der mit Worten oder Satzteilen zu ergänzen ist. Während es oben um die **auditive** und **semantische Diskrimination** ging, unterscheidet hier das Kind zunächst **visuell** und "übersetzt" danach das Gesehene in seine Bedeutung.

Spiel:

Karten-Ketten

Segmentation

Bestimmte Gegenstände wie Apfel, Birne.., Auto, Motorrad.., aber auch Einzelgegenstände, die nicht oberbegrifflich einzubinden sind, werden aus Bildern ausgeschnitten oder selbst gemalt. Danach fertigen wir Kärtchen, die verdeckt und ungeordnet ausgelegt werden. Ein Mitspieler nach dem anderen darf ein Kärtchen ziehen. Wer Glück hat, kann Ketten bilden: eine Obst-Kette; eine Fahrzeug-Kette... Einzelobjekte, die nicht passen, sind "Fehlerpunkte". Das Geschehen wird sprachlich begleitet:

> "Ich ziehe die Kirsche. – Die Kirsche und der Apfel gehören zusammen!.."

Hinweis:

Zur zeitökonomischen Herstellung solcher Kärtchen wird noch vorgeschlagen, einen alten Versandhaus-Katalog zu verwerten. Dort finden wir die Kategorien bereits vorgeordnet: Kleidung, Möbel, Spielzeug...
Wer lieber mit konkreten Materialien arbeitet, weil er mit kleineren Kindern arbeitet oder aber gerne auf taktilem Wege zu den Ordnungen findet, kann Schreibzeug, Obst, Holztiere.. auch direkt vorlegen.

Übung:

Richtig ergänzen

Segmentation

Grundsätzlich gibt es zwei Formen der Assoziation auf syntaktischer Ebene: die paradigmatische und die syntagmatische Form der Ergänzung.

"Ich sehe ein/eine/einen !" Bei der paradigmatischen Form wird "vertikal" ein Satzteil ergänzt: Haus, Flugzeug, Stuhl...

"Löffel"- Bei der syntagmatischen Form wird "horizontal" assoziiert: essen, umrühren...

Wir wollen diesen Tatbestand nutzen, um auf metasprachlicher Ebene unsere Schüler zur Gliederung zu verhelfen.

Version 1

Bild- oder Wortkarten werden den Schülern vorgelegt. Dazu wird ein Satzfragment angeboten.
Die Kinder bilden mögliche Sätze und sortieren die "Fehlerkarten" aus.

Satzfragment: "Ich esse ein/eine/einen   !"
Bild-/Wortkarten: Apfel, Stuhl, Holzente, Braten, Nuß ..

Version 2

Die gleichen oder andere Bild- oder Wortkarten werden vorgegeben. Meist genügt ein kleiner Hinweis, um die Kinder zum assoziativen Denken anzuregen, da diese ohnehin im Gegensatz zu Erwachsenen häufig syntagmatisch verknüpfen: Apfel - essen; Stuhl - sitzen; Holzente - spielen..

Hinweis: "Was fällt dir dazu ein?"
Bild-/Wortkarten: s.o. - weitere Angebote

Spiel:

Detektivgeschichten
Klassifikation

Das selbst gemalte Porträt einer Person wird kopiert, danach leicht verändert. Die Kopie wird sodann wiederum verändert, wobei es sich nur um kleine Ergänzungen (Stirnband, Brille..) handelt. Nach einer erneuten Kopie der Kopie wird der Vorgang des Veränderns und Kopierens fortgesetzt, wobei einige Kopien auch doppelt und dreifach gefertigt werden können.

Am Schluß werden alle Bilder vor den Kindern ausgelegt. Die "Suche nach dem Dieb; dem Besitzer des ..; der Lehrerin .." beginnt. Man liest oder hört die Kategorien – hier: "Halskettenträgerin, "Nichtbrillenträgerin", "Streifenkleidträgerin"..

> "Die Person trägt eine Halskette."
> "Sie besitzt keine Brille."
> "Sie trägt ein gestreiftes Kleid."
> usw.

Nach jedem Satz können die falschen Bilder aussortiert werden. Je nach Gedächtnisleistung kann aber auch die Einprägung der Kriterien zur Aufgabe gemacht werden.

Beim zweiten Durchgang wird eine neue Klassifikation durch andere Merkmale gewählt, wobei auch der Schüler selbst verbale Hinweise geben kann.

Übung:

Oberbegriffe aussortieren und Zuordnungen schaffen
Klassifikation

Voraussetzung ist, daß die Kinder lesen können und diese Übung nicht an den Anfang der Arbeit gestellt wird. Es werden Wortkarten vorgelegt, die ohne Rücksicht auf Kategorie oder Ordnungsgrad durcheinandergemischt sind:

> Ente, Hammer, Zange, Werkzeug, Reh, Hose, Spielzeug, Tier...

Danach werden tabellarische Ordnungen geschaffen, bei denen die zusammengehörenden Elemente und deren Oberbegriffe gefunden und einander zugeordnet werden, z.B.: **Tier** – Ente, Reh, Hase.. I **Spielzeug** – Kreisel, Würfel, Rollschuh ...

Bei den Wortkarten "Ente" und "Rollschuh" ergeben sich im weiteren Verlauf Unsicherheiten, welcher Kategorie sie wirklich zugeordnet werden sollen. Die "Ente" kann u.U. auch "Spielzeug" sein, der "Rollschuh" ein "Sportartikel". Wir sollten solche **kognitiven Dissonanzen** fördern, da insgesamt das sprachliche Denken plastischer wird und allzu mechanistische Kategorisierungen zu neuen Ganzheiten geführt werden können.

Spiel/Übung:
Bildergeschichten
Seriation

Hier bieten sich viele Bildergeschichten an, wie sie in reichlicher Zahl im Aufsatzunterricht an Schulen Verwendung finden. Es sollte darauf geachtet werden, daß die Ablaufstrukturen der Handlungen nicht zu komplex sind und die Versprachlichungen möglichst elementar bleiben können. Auch sollten die Gliederungen in Teilbilder sinnvoll sein. Interessant sind vor allem provokative Inhalte (z.B. "die Großmutter auf dem Roller) und variable Abschlüsse. Das letzte Bildmotiv können sich die Kinder selbst ausdenken; ein Vergleich mit dem Original erfolgt erst zum Schluß.
Methodisch werden die Teilbilder in ungeordneter Reihenfolge geboten. Ein mittleres Bild könnte sowohl Rückschlüsse als auch Vorgriffe erlauben. Allerdings ist anhand des Entwicklungsstandes der Kinder zuvor zu prüfen, ob sie zum reversiblen Denken befähigt sind.
Schließlich sollte eine Reihung der Abläufe auch die Adverbien "zuerst", "dann" und "zuletzt" zur sprachlichen Strukturierung mit einbeziehen.

Spiel/Übung:
Begriffsbildungen
Superstrukturen

Bei genauer Betrachtung sind die meisten Sprechhandlungen komplexerer Struktur. Wir Erwachsene denken nicht metasprachlich nach, wenn wir schwierige Nebensatzkonstruktionen machen. Auch lexikalische Feinheiten und die prosodischen Begleitmerkmale sind Ausdruck unserer Persönlichkeit.
Die Sprache des Kindes ist in gleicher Weise ganzheitlicher Ausfluß seines Handelns und Denkens. Aus dieser Sicht heraus kann Sprachförderung heute nur als eine individualisiert-ganzheitliche Auseinandersetzung mit der aktuellen kindlichen Umwelt gesehen werden, die sich einer stereotyp-standardisierten Erklärung entzieht. Dennoch gibt es eine "normative Kraft des Faktischen", gewissermaßen eine gesellschaftliche "Vorschrift", die das Kind aufnehmen muß, um Teil unserer Sprachgemeinschaft zu werden.
Wir wollen als Pädagogen dem Kind diese (sprachliche) Lebenswelt "schmackhaft" machen.
Da wir selbst auch Kinder waren, erinnern wir uns am besten unserer eigenen Kindheit und bewegen uns zeitweise zusammen mit dem Kind auf einem gemeinsamen Pfad.

Ich möchte einen Gedanken hier etwas persönlicher ausführen und den Leser anregen. Denken z.B. an weihnachtliche Lieder wie "Stille Nacht", die wir früher einfach ohne großes Nachdenken mitgesungen haben. An einer Stelle des Liedes heißt es "..oh, wie lacht, Lieb aus Deinem göttlichen Mund..". Lange Jahre habe ich mich beim Singen über den komischen Namen "Owi" gewundert, der offenb... "...
...ll"...

Ich meine also, daß es Zeit braucht, bis sprachliche Strukturen – an die Ganzheit der Lebenswelt gebunden – reif werden. Am eingeengten Beispiel einer komplexeren Begriffsbildung möchte ich nun aufzeigen, wie u.U. Sprachförderung mit der geistigen Entwicklung des Kindes verknüpft werden könnte. Ich argumentiere allerdings nicht in der Breite eines "Lebensspiels", sondern beschränke mich einschränkend und schematisierend eher auf das Methodische einer "Übung".

In einem Spielwarenkatalog, Bilderbuch.. sind folgende zwei Gegenstände abgebildet:

> ein Steckenpferd
> ein Schaukelpferd

Voraussetzung ist nun, daß die **Kategorie "Pferd" schon bekannt** ist und das Tier nicht mit dem Schaf, der Kuh.. verwechselt wird.

Da Begriffe "begriffen", d.h. angefaßt werden sollten, ist es jetzt für kleinere Kinder auch wichtig, daß sie schon des öfteren freudvoll auf einem Schaukelpferd geschaukelt und auf einem Steckenpferd geritten sind. Diese "dynamische" Form des Umgangs – nicht nur das Anfassen und Betrachten – schaffen aus der konkret-enaktiven Haltung heraus das notwendige Grundverständnis. Auch die einfache Herstellung eines Steckenpferdes bzw. die Umfunktionierung eines Schaukelstuhls durch Montage zweier Pferdeköpfe aus Karton an den beiden Armlehnen ist ein Schritt in die richtige Richtung.

Durch diesen Umgang lernt das Kind zu be-"greifen", daß es sich bei den beiden Pferden um **Spielpferde** handelt:

> "Sie beißen nicht, sie schlagen nicht aus, das Wiehern muß man selbst machen."

Der neue Begriff "Spielpferde" wird immer dann verwendet (Frequenzgesetz – Sprachbad), wenn mit den beiden "Pferden" gespielt wird. So kann sich langsam der Oberbegriff festigen.

Das Problem ist, daß das "Spielpferd" schon eine **Überkategorie** ist.

Die Kinder spielen aber nicht ständig mit beiden "Spielpferden". Schon längst wurde im Vorfeld mit der "normalen" **Kategorie "Schaukelpferd"** und **"Steckenpferd"** gearbeitet, ohne daß die Worte näher beachtet wurden.

Es mag sogar sein, daß die Überkategorie "Spielpferde" bereits begrifflich klar ist:

> "Spielpferde, Spielbären, Spielautos sind Sachen, die Kinder zum Spielen bekommen."

Beim Umgang mit dem Steckenpferd bzw. dem Schaukelpferd erschließt sich jedoch auch diese Kategorie. **Konkret handelnd und im pantomimischen Spiel** wird die Entstehung des zusammengesetzten Nomens klar und auch verstanden. Denn auf die Frage, was ein "Steckenpferd" sei, wird das Kind so tun, als würde es sich einen Stecken zwischen die Beine klemmen. Während es hier zu hüpfen beginnt, wird es beim "Schaukelpferd" natürlich Schaukelbewegungen vorführen. Man erkennt, die geistige Leistung als solche ist vollbracht! Wenn das Kind ein bestimmtes Spielpferd haben möchte, wird es dies u.U. schon kundtun.

Die Verbalisierung folgenden Tatbestands ist an dieser Stelle allerdings von untergeordneter Bedeutung:

"Ein Steckenpferd hat einen Stecken, ein Schaukelpferd eine Schaukel."

Erst, wenn es etwa darum geht, ein Steckenpferd oder Schaukelpferd zu basteln, wird der Prozeß der Begriffsbildung weiter vorangetrieben. Für die Miniaturausführungen benötigt man "Stecken" (Schaschlik-Spieße) und "Schaukeln" (halbierte Holzräder aus Rundhölzern).

Nun zurück zur ikonischen Repräsentation, wie sie am Anfang schon erwähnt wurde. Katalogbilder können puzzleartig zerschnitten werden. In diesem Zusammenhang wird es wichtig sein, die Schnitte so anzusetzen, daß "Schaukel" und "Stecken" der beiden "Pferde" **mehrmals** zerschnitten werden. Jetzt können die Kinder auf einer neuen Handlungsebene ihr Vorwissen wiederum aktivieren und ausbauen:

"Ich sehe die Schaukel. Die gehört zum Schaukelpferd. Ich sehe..."

Die bildliche Darstellung, die willkürliche Verteilung der Puzzlebilder, die veränderten Raumlagen .. sind weitere motivationale Grundlagen für sinnerfülltes Lernen. Hier zeigt sich der Weg, der immer stärker in die Reflexion der geistigen Zusammenhänge hineinführt. Im vielseitigen Gebrauch wird klar, in welchem Zusammenhang von "Spielpferd" und in welch anderem Zusammenhang von "Schaukel-" oder "Steckenpferd" gesprochen werden muß.

Möglichkeiten und Grenzen kognitionsorientierter Sprachförderung am Beispiel der Begriffsbildung:

Die Kinder lernen (in der Schule) auch Benennungen: "Das ist ein Tretroller." "Das ist ein Teller". "Das ist ein Strohhalm". Abgesehen von der Tatsache, daß sogenannte "Strohhalme" heute fast immer aus Plastik gefertigt sind und von ihrer Verwendung her gerne als "Trinkhalme" bezeichnet werden, wäre zu überprüfen, ob nicht durch solche absoluten Aussagen letztlich **verfrühte Stereotypisierungen** geschaffen werden.

Beobachten wir Kinder z.B. beim "Piratenspiel", so stellen wir fest, daß diese ganzheitlich und kreativ z.B. eine alte Haustür als Schiff verwenden; die Malerfolie vom Speicher dient als Segel; ein Besen oder Ast wird in einen Mast umfunktioniert; die Gießkanne ist das Signal- und Nebelhorn; ein alter Schraubenzieher ist der Anker...

Wir als Erwachsene beobachten diese Spiele mit einer gewissen Faszination und überlegen zugleich, ob sich nicht diese Kinder etwa auf einen fremden Insel **ohne fremde Hilfe** nicht besser durchsetzen könnten als andere, bei denen der **"Werkzeuggebrauch" verfrüht festgelegt** wurde. Je nach Tätigkeit werden nämlich diese Werkzeuge (die Haustür, die Malerfolie..) flexibel und situativ **sinnvoll** eingesetzt.

Auch **Sprache hat Werkzeugcharakter** und wird mit einer gewissen "Offenheit" als Symbol eingesetzt.

Der gedankenlose Gebrauch des Wortes "Gabel" z.B. führt uns ganz sicher an den Eßtisch. Diese verkürzte "Benennung" haben wir alle einmal erlernt. Man darf aber nicht vergessen, daß fixe "Einstellungen" (mindsets) auch zur Gedankenlosigkeit führen kann.

Als Lehrer sind wir oft froh, wenn die Kinder eine bestimmte Menge von Begriffen "vorzeigbar gelernt" haben und Oberbegriffe bilden können: "Gabel, Messer und Löffel sind Eßwerkzeuge!"

Bedenklich ist jedoch, wenn solche verfrühten kognitiven Fixierungen zu einem Splitterwissen und dann zu Blockaden bei der Denk- und Sprachentwicklung führen.

Um beim Beispiel zu bleiben. Wie richtig ist es, wenn das Prinzip der "Gabel" zunächst in der Handlung erfaßt wird: "Man kann mit ihr etwas aufspießen, aussieben..." Die Ähnlichkeiten zum Kamm, Rechen, dem Sieb und dem Netz werden tätig und ohne überhastete Versprachlichung sensomotorisch erfaßt. Wie man häufig erkennen kann, "versinken" Kinder manchmal geradezu in ihr Spiel.

Auch eine Hand, deren Finger etwas abgespreizt werden, kann aus ganzheitlich-organischer Sicht durchaus das Gabelartige veranschaulichen. Ist dann die Zeit reif und die Situation gegeben, so wird das Kind sensibel sprachliche Setzungen reflektieren und auch weitere Begriffe verstehen, etwa: Mist-, Heu-, Kuchengabel; Gabelbock; Astgabel; Wegegabelung; Gabelstapler. Eine gedankenlose Verwechslung etwa mit dem Wort "Kabel", "Gnade" oder irgendeinem anderen Wort kann bei stets kontextueller geistiger Anbindung nicht mehr vorkommen!

Aus dieser Sicht lassen sich natürlich einige Dinge und Zustände hinterfragen: Stadtkinder kennen die Kuh eben leider oft nur vom Fernsehen z.B. als blaue "Milkana-Kuh". Kinder aus Eineltenfamilien können eigentlich nicht wissen, wie die traditionelle Familie aussieht. Wer kein Kinderzimmer besitzt, für den ist es buchstäblich "sinnlos", in der Schule in einem Schuhkarton ein Modell-Kinderzimmer aufzubauen.

Wie soll ein Bach mit Worten eigentlich beschrieben werden, der aufgrund seiner ständigen Bewegung (Fluß, Erosion, Fischbestand, Säure- und Verschmutzungsgrad..) sich jeglicher statischen Erfassung widersetzt.

Beim genauen Abprüfen ergeben sich Fragen über Fragen, die nicht pauschal und eindimensional zu beantworten sind. Wer ernsthaft Sprachförderung betreiben möchte, muß jedoch das **Kind in seiner individuellen Ganzheit belassen** und geistig-sprachliches Wachstum eben sowohl an begriffliche Absoluta anbinden als auch nach eher strukturell-situativen Besonderheiten entfalten lassen.

Oftmals fehlen uns Erwachsenen eben auch die Erklärungsmodelle (logisch-analytischer Aspekt - "cogito"), weil das ganzheitliche Verständnis (die gestaltschaffende und schöpferische Intuition - "intelligo") zu wenig mitwirkt. Dies zeigen die manchmal nahezu philosophischen Kinderfragen, die wir garnicht so leicht beantworten können, etwa: "Wie ist es möglich, daß ich diesen riesigen Turm in mein kleines Auge hineinbringen kann?"

Ausschlaggebend sind also eher die erfahrungsreichen und ganzheitlichen Lehrerhaltungen, die aus einem "Inter-esse" (dabei sein) hervorkommen.

Die niedergeschriebenen Anregungen sind demnach immer nur Anregungen, bei denen noch zu prüfen ist, ob sie im konkreten Fall auch gültig sind. Von entscheidender Bedeutung ist freilich, daß die Kinder mit wachsender Abstraktionsfähigkeit es auch lernen, trotz der notwendigen Kategorienbildung flexibel für Darstellungsvarianten zu bleiben. Um beispielhaft zu bleiben:

Bezeichnet ein Kind beim obigen Spiel das eine Pferd in Analogie zum **Schaukel**pferd nicht **Stecken**-, sondern **Hüpf**pferd, so ist dies zweifellos eine geistig-sprachliche Leistung, weil bei der Gestaltung des Nomens an funktionale Kriterien gedacht wurde und ein sprachlicher Transfer (Schaukelpferd => Hüpfpferd) geleistet wurde.

Wir wünschen uns natürlich auch umgekehrt, daß das Kind lernt, an den Materialaspekt zu denken, der sehr häufig bei zusammengesetzten Nomen vorkommt: Steckenpferd, Eisenbahn, Holzwurm, Kreissäge, Nadelbaum...

Wie gut, wenn bereits Kinder es lernen, im Rahmen ihrer geistigen Möglichkeiten etwas Gefundenes wieder zu verwerfen. Dies tun eigentlich schon sehr kleine Kinder, wie ich immer wieder erfahren habe.

Abschließend noch eine kleine typische Episode:

M. hat mich einmal gefragt, ob ich schon "gebosen" hätte. Da ich als Lehrer den Kontext kannte und den Besen in der Ecke stehen sah, sagte ich: "Nein, lieber M., ich habe heute noch nicht gekehrt! Aber vielleicht hilfst du mir beim Kehren!?"

Meine Freude war groß, als nach der Arbeit M. sagte: "So, wir haben gekehrt, was tun wir jetzt?"

B. DIE PERSÖNLICHKEITSORIENTIERTE VERSPRACHLICHUNG

Grundlegung:

In diesem Abschnitt soll es in besonderer Weise darum gehen, das Kind "zu Wort kommen" zu lassen. Viele unserer Kinder werden im Alltag als "kleine Erwachsene" behandelt, so daß man als Pädagoge wirklich manches Mal fragen muß, ob es die Kindheit heute noch gibt. Es besteht die Gefahr, daß sich Minderwertigkeitsgefühle und Ängste einstellen, die zu Verhaltensauffälligkeiten führen.

Mit den nun folgenden Spielen wollen wir den Kindern Hilfen geben, ihre eigenen Persönlichkeiten kraftvoll zu erleben und den Gebrauch von Ausdruck und Sprache als positiv zu erfahren.

Als äußerer Rahmen sollte eine feste **Bühne** geschaffen werden. Schon Teppich oder eine Holzkiste ("speakers corner") kann signalisieren , daß ein Kind die Gelegenheit hat, sich jederzeit darzustellen. Durch das Ausleben innerer Anspannungen, durch Identifikationen mit bestimmten Personen, Tieren oder sonstigen Gestalten erhält es die also die Chance, "am eigenen Drehbuch zu schreiben, es stets weiter- oder umzuschreiben". Von dieser Möglichkeit kann es situativ und bedürfnisorientiert Gebrauch machen.

Spiel:
"Ich in meiner Lieblingsrolle"

Es gelingt Kindern meist leichter als Erwachsenen, sich unvoreingenommen in bestimmte Rollen zu begeben. Besonders beliebt sind natürlich solche Rollen, bei denen die eigene Innenwelt, Wunschvorstellungen und Träume nach außen gekehrt werden. Bei Problemkindern ist es von Vorteil, innere Entwicklungen mit neuen Vorstellungsbildern von außen durch Aufmerksamkeit anzuregen. Die Identifikation mit einem Clown, mit einer Prinzessin oder einem wilden Tier kann durch szenische Darstellung **ausgelebt** werden. Auch sprachliche Blockaden werden aufgelöst. Neue Dimensionen des Denkens, Fühlens und Handelns tun sich auf.

Zunächst spielen die Kinder in freier Weise. Die Dramaturgie wird nicht vorgegeben, der - oft negativ besetzte - Gebrauch von Sprache wird auf keinen Fall gefordert. Die "Zuschauer" beobachten einfach Gestik, Mimik, Pantomime und evtl. das stimmlich-sprachliche Ausdrucksverhalten eines "Schauspielers" und reagieren elementar auf die darin enthaltenen "Botschaften": Sie sind beeindruckt von der Komik eines Clowns, der Schönheit einer Prinzessin oder aber sie fürchten sich vor einem wilden Tier.

Um das Kind in seiner Rolle zu ermutigen, wird der Lehrer sich aktiv beteiligen. Einerseits beginnt er, das Kind in seiner Rolle zu "doppeln", indem er es nachahmt in seinem Ausdrucksverhalten verstärkt. Andrerseits ist es auch wichtig, die Gruppe der "Zuschauer/-hörer" zur Aktivität zu animieren. Deren Anteilnahme entscheidet schließlich, ob sich das Kind in seiner dargestellten Rolle auch angenommen fühlt und sich mitteilt.

So nach und nach wird bei diesem Spiel die Benutzung der Verbalsprache immer bedeutsamer. Sie präzisiert die analogen körpersprachlichen und prosodischen Mittel in digitaler Weise; nur sollte der Lehrer die Worte des sich darstellenden Kindes verstärkend aufgreifen und modellieren.

Variante:

Die Kinder malen in originaler Körpergröße Umrißbilder auf Packpapier, alte Tapeten-rollen oder Makulaturpapier. Hierbei befinden sie sich in Rückenlage auf den Papieren und werden von anderen Kindern mit Bleistiften umfahren. Die **Haltung**, mit der sie auf dem Blatt erscheinen wollen, können sie zuerst vor einem großen Spiegel erpro-ben. Besonders expressiv wird die Rolle, in der sich die Kinder darstellen, aber erst, wenn das Umrißbild farbig weitergestaltet wird.

Zum Schluß werden noch die Augen ausgeschnitten. So kann sich jedes Kind hinter sein aufgehängtes oder auf Pappe geklebtes Bild stellen und Fragen beantworten. Im Gegensatz zum letzten Spiel muß sich hier das Kind auf seine Verbalsprache be-schränken. Die "Zuschauer/-hörer" nehmen wie oben regen Anteil und reagieren möglichst einfühlend:

"Wie heißt du? Was tust du am liebsten? Wie fühlst du dich als...?"

Die Motivation zum Sprechen kann u.U. gesteigert werden, wenn sich anfangs das Kind hinter seinem Umrißbild in einem körpergroßen Spiegel selbst sehen kann.

Spiel:
"Meine kleine Kunstgalerie"

Kinderzeichnungen enthalten eine Fülle von Botschaften. Im allgemeinen drücken sich auch sprachauffällige Kinder gerne "bildsprachlich" aus, wobei die Tätigkeit des Zeichnens und Malens an sich schon aussagekräftig ist.
Wir wollen hier einmal vorschlagen, das selbst gemalte Bild oder eine Bilderserie bewußt in das Konzept einer ganzheitlichen Sprachförderung zu integrieren. Der allgemeine kunsterziehliche Aspekt wäre natürlich auch interessant, er würde jedoch den Rahmen der Arbeit sprengen.

Ein idealer Ausgangspunkt zum Bilder malen ist die Imagination. Das Kind liegt entspannt und mit geschlossenen Augen auf dem Boden und läßt Vorstellungsbilder auftauchen. Mit leiser meditativer Musik suggerieren wir unter Einbeziehung aller Sinne zunächst eine positive Grundstimmung:

> "..Du liegst ganz entspannt auf einer Wiese, die du vielleicht sogar kennst...
> Die Sonne scheint, Vögel zwitschern, es riecht nach Heu und Blumen, du
> siehst Schmetterlinge und bunte Blumen... Jetzt erkennst du einen Waldrand. Schaue einmal genau hin..!"

Oft ist es so, daß nach einer gewissen Anlaufzeit der Wald die Funktion einer Schauspielbühne übernimmt. Je nach seelischer Verfassung tauchen mit einiger Übung gerne Tiere, Fabelwesen, Märchengestalten, bekannte und unbekannte Personen auf.

Wird die Übung mit einer Gruppe von Kindern gleichzeitig ausgeführt, so dürfen diese erst nach der Rückholung aus ihrer "Traumwelt" ihre Geschichten einzeln erzählen.

Als Pädagoge wird man sich jedoch bei der Einzelarbeit über die Sprechlust des in der Entspannung sich befindenden Kindes freuen können. Hier kann sogar ein kleiner Dialog geführt werden, bei dem der Therapeut jedoch keinerlei gängelnde Interpretationen geben sollte. Er greift lediglich die Aussagen des Kindes auf und wiederholt diese, indem er immer wieder animiert, ganz genau mit allen Sinnen wahrzunehmen. Nach einer gewissen Zeit werden die Kinder mit abgesenkter Stimme aus ihrem Tagtraum zurückgeholt:

> "Nun verabschiede dich langsam wieder von deinem Bild... Du streckst Arme und Beine kräftig aus, räkelst dich wohlig und gähnst wie ein Nilpferd... Jetzt atmest du mehrmals kräftig durch, fühlst dich bärenstark und öffnest deine Augen!"

Hier interessiert uns natürlich besonders, was die Kinder bei dieser und bei weiteren Sitzungen an "Gemälden" zustandebringt. Denn diese Bilder sollen das Material für für die "Kunstgalerie" werden.

Die Kinder besitzen mit diesen Bildern die Möglichkeit, sich anderen Menschen gegenüber auszusprechen, von ihren Wünschen, Träumen und Ängsten freimütig zu erzählen. Die "Führung durch die Kunstausstellung" wird also mehrmals ritualhaft abgehalten. Man kann sich unverblümt "aussprechen", der hohe Grad an persönlicher Betroffenheit verbessert das allgemeine Ausdrucksverhalten und die Persönlichkeitsentwicklung.

Hinweis:
Anstelle der selbst gemalten Bilder können auch Kunstbilder, Familienfotos und Fotos aus der häuslichen Lebenswelt verwendet werden.

Spiel:
"Wir spielen Puppentheater"

Im allgemeinen stimmen Körper- und Sprachausdruck miteinander überein. Lustige Sprechinhalte werden mit bewegter Stimmführung auch körpersprachlich vergnügt erzählt. Andrerseits kann der Körper auch Trauer, Ärger oder Aggressivität ausdrücken, wobei die entsprechenden Sprechinhalte monoton oder mit rauher Intonation vorgebracht werden.

Die Kinder basteln verschiedene Masken oder Puppenköpfe. Eine Variante sind Figuren aus dem Kasperltheater oder Plüschtiere. Folgende Figuren sind bewußt so gewählt, damit alle möglichen Stimmungen erfaßt werden können:

Der Clown oder der Kasperl verkörpern **Lustigkeit** und **Frohsinn**.

Das Krokodil zeigt schon in seiner Physiognomie **Aggressivität**.

Ein kleines Häschen könnte **Angst** verkörpern.

Ein Wuschelkopf mit lang herabfallenden Haaren ist das Symbol für **Trauer**.

Verschiedene Stimmungen werden zuerst einmal mit kindgerechten Spielmotiven vor einem Spiegel nachgespielt, wobei die obigen Figuren als Vorbilder eingesetzt werden. Stimmführung und Satzbildung werden an die Vorbilder angepaßt und modelliert:

"Bist du wohl auch sooo traurig wie ich, Bruder Wuschelkopf?"
"Ja, ich bin sooo traurig!"

"Hihii, Clown Pepino, jetzt machen wir Spaß!"
"Au fein, Pepone, wir machen jetzt Spaß!"

Die affektive Tönung der Rolle vertieft auch die sprachliche Aufmerksamkeit. Das Kind nimmt aktiv Anteil an einer Rolle, übernimmt diese Rolle und wird hierbei sprachlich.

Später findet das Kind seine eigene Rolle selbst und drückt sich je nach Stimmung aus, indem es die passende Figur aufgreift und sich so mitteilt.

C. INTERAKTIONSORIENTIERTER SPRACHAUSDRUCK

Grundlegung:

Während im letzten Abschnitt eher die Psychomotorik akzentuiert wurde, sollen hier verstärkt soziomotorische Handlungsweisen eingebracht werden.

Die beiden Tätigkeitsfelder lassen sich zwar nur theoretisch auseinanderhalten. So kehrt das Kind seine Persönlichkeit nur dann handelnd nach außen und spricht sich aus, wenn es erkennt, daß seine Umwelt auch Anteil nimmt.

Die relativ "einkanalige" und persönlichkeitszentrierte Grundhaltung soll hier aber aufgegeben werden zugunsten von zweiseitigen Beziehungsstrukturen. Handlung als Interaktion meint demnach die **Gleichgewichtigkeit von Geben und Nehmen**, das Erkennen von sozial verpflichtenden und entlastenden Handlungsweisen und Sprechtätigkeiten.

Spiel:
Nonverbal Beziehungen aufnehmen.

Interaktion geschieht schon im Vorfeld der gesprochenen Sprache. Blicke, Gesten und Bewegungen, die vom Partner verstanden werden, können Dialoge einleiten.

Kindern mit sprachlichen Problemen fällt es oft schwer, den anderen beim Sprechen anzuschauen. Auch sind die sprachbegleitenden Körpergesten meist wenig ausgeprägt und unstimmig. Betrachten wir also zunächst die aktuellen Ausdrucksleistungen unserer Kinder und setzen wir dort an, indem wir nonverbal Beziehungen aufnehmen und ohne Blockaden freudvoll ausgestalten.

Die Kinder bewegen sich zu entsprechender Musik oder nach geeigneten melodisch-rhythmischen Vorgaben frei im Raum. Sie sind etwa "Roboter" oder bestimmte Tiere. Wenn die Musik langsam verhallt, suchen sie **mit den Augen** einen Partner, dem sie in spieltypischer Weise in die Augen schauen: Roboter schauen durchdringend, Tiger wild und Schäfchen sanft. Das Spielmotiv kann problemlos immer wieder verändert werden. Die Kinder stellen sich von Mal zu Mal flexibler auf ihre jeweils neue Rolle ein.

Aus dieser zugewandten Ausgangsposition heraus können nun in der Folge auch nonverbale Dialoge geführt werden.

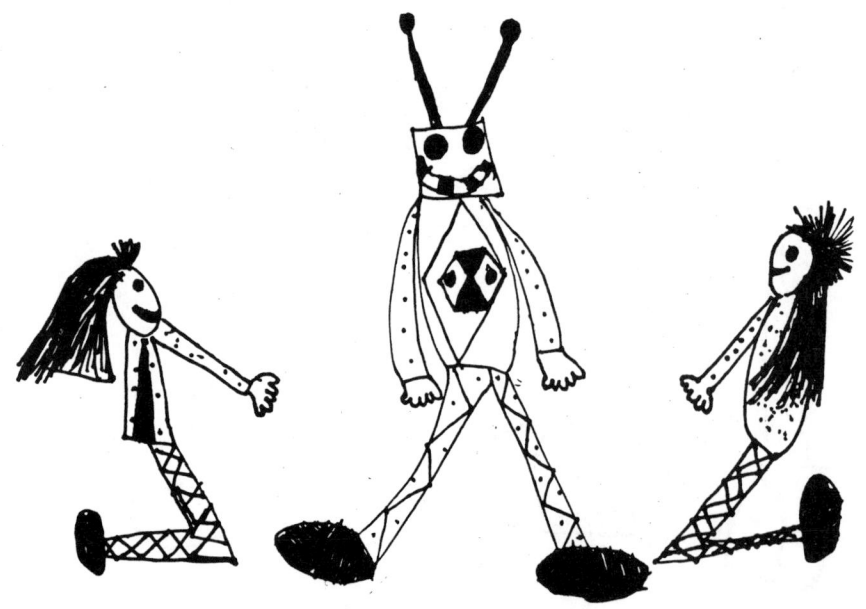

Spiel:

Nonverbale Dialoge führen

Erste Formen, um miteinander "ins Gespräch zu kommen", bedürfen der Wortsprache nicht. Gerade deshalb können u.U. sprechgehemmte Menschen mit diesen Dialogen motiviert werden.

Wenn nach obigem Muster Beziehungen geknüpft worden sind, suchen wir jetzt nach passenden nonverbalen Gestaltungsformen: Man "begrüßt sich", "stellt Fragen" und "beantwortet" diese. Man "ärgert sich", der andere "versucht, zu beruhigen".. und dies alles ohne Verbalsprache.

Ist das Motiv der Roboter, so könnte die Interaktion wie folgt ablaufen:

> Roboter begrüßen sich mit ruckartigen Bewegungen der Greifarme; womöglich schießen sie mit "Tschsch.." "Laserstrahlen von Auge zu Auge. Die "Frage" kann eine mechanische Körperbewegung sein, die mit einer reinen Imitation oder einer leichten Variante dieser Bewegung "beantwortet" wird.
>
> Wenn ein Roboter sich "ärgert", dann "funkt es an allen Ecken und Enden". Die Bewegungen sind insgesamt ausladender, verbleiben aber ruckartig und präzise. Die entsprechenden Gurgel-, Glucks- und Zischgeräusche sollten an die stoßende Bewegungsweise gekoppelt werden.
>
> Der zweite Roboter, der "zu beruhigen versucht", tut dies mit kalter Monotonie. Die "beweglichen Maschinenteile" werden mit Gleichmaß langsam geführt, was Konzentration abverlangt. Die zugeordneten Geräusche sind ebenfalls stimmlich monoton. Sie sollten zeitlich mit den motorischen Vorgängen übereinstimmen.

Variante:

Was ebenfalls Spaß macht, sind Dialoge zwischen "dem Eierbecher und dem Ei", "dem Autoschlüssel und dem Auto", "dem Luftballon und der Nadel"... Diese kurzen Gestaltungsaufgaben sind gut überschaubar und werden im allgemeinen leicht verstanden:

> "Das runde Ei (Arme und Beine werden angezogen) kugelt mit "Rrr" zum Eierbecher (Arme bilden einen aufnehmenden Kreis). Beim sanften Zusammenstoß hört man ein porzellanartiges Geräusch, z.B. "Dig" usw.

Spiel:
Elementare verbale Dialoge führen

Mit einigen Vorerfahrungen im nonverbalen Bereich gelingt nun auch die Ausweitung auf den sprachlichen Bereich.

Beispiel 1: "Hilfe, ich bin blind!"

In einem Raum befinden sich mehrere Gegenstände wie Tisch, Stuhl, Liege... Einem Kind, das die Einrichtungsgegenstände kennt, werden die Augen verbunden. "Blind" geht es zunächst einmal auf die Suche nach einem Helfer. Es fühlt der Reihe nach einzelne Kinder ab, fragt nach dem Namen und erhält die Antwort:

"Bist du der Stefan?" – "Nein, ich bin nicht der Stefan!/Ja, ich bin..!"

Hat das Kind seinen Helfer gefunden, so zeigt es mit Haltung, Stimme und Sprache, daß es den anderen braucht. Es klammert sich fest an den anderen und spricht beschwörend:

"Bitte, führe mich zum Tisch!" (zur Bank, zum Schrank..)

Auch der Helfer muß sich taktil, stimmlich und sprachlich ausdrücken. Er streicht besänftigend mit der Hand über die Schulteer und sagt mit beruhigender Stimme:

"Ja, ich führe dich zum Tisch!"

Er nimmt den "Blinden" bei der Hand und führt ihn langsam zur gewünschten Stelle. Die Interaktion erfolgt nach ganzheitlichen Prinzipien. Das gegenseitige Vertrauen kannwachsen. Die Konstanz der Sätze **(einfache Umstellungen)**, die in elementarer Weise den Tätigkeiten zugeordnet werden, wirkt prägend.

Beispiel 2: "Jetzt fliegen die Fetzen!"

Wenn Kinder miteinander streiten, dann entscheiden oftmals die Fäuste. Bei diesem Beispiel soll es nun darum gehen, bei der Konfliktverarbeitung unter Einbeziehung körpersprachlicher Signale auch verbalsprachliche Mittel einzusetzen.

Um die menschliche Spontaneität nicht zu überfordern und die sprachlichen Mittel überschaubar zu halten, wird übungshalber ein fiktiver Fall gewählt. Eine "zerbrochene Tasse", ein "zerrissenes Buch", ein "verlorener Geldbeutel".. sind dankbare Themenstellungen.

Im Spiel selbst darf man den anderen grimmig anschauen, sich an den Schultern packen, sich schütteln.. und behaupten:

"Du bist schuldig!" oder "Du hast die Tasse zerbrochen!" ..

Der Kontrahent wird natürlich spiegelbildlich das Gleiche tun und sprechen, bis beide wirklich genug gestritten haben, zu lachen beginnen und sich partnerschaftlich wundern, wie man sich so lange streiten kann. – Die Psychologie spricht hier von einer "paradoxen Intention", wenn ein negatives Verhalten wie etwa ein Streit durch die Verordnung von Streit sich ad absurdum führt.

Abgesehen von der positiven psychohygienischen Leistung des Spiels zeigt sich hier, auf welch einfache Art und Weise der Sprechausdruck in ein Gesamtgefüge eingebettet werden kann. Verhalten, Stimme und Sprache werden einfach imitiert, alles geschieht in einem Sinnzusammenhang.

Beispiel 3: "Hören und Verständnis zeigen"
Vorliegende Übung ist für Jugendliche geeignet, die schon zu dialektischer Denkweise befähigt sind. Es soll hier allerdings nicht die kognitive Verarbeitung eines Problems in den Mittelpunkt gerückt werden. Das Beispiel möchte vor allem die integrative Verflechtung der verschiedenen Ausdrucksebenen veranschaulichen.

Wir diskutieren ein emotional besetztes Thema wie z.B.: "Brauchen Kinder Taschengeld?" Die Pro- und Contrapositionen liegen vielleicht schon schriftlich vor und sind auf inhaltlich-sachlicher Ebene verstanden.

Jetzt gibt es bestimmte Spielregeln, die sukzessive einzuüben sind und letztlich auch zur kommunikativen Grundhaltung werden:

1.   Du nimmst die Rolle des Kindes oder eines Elternteils ein und erprobst diese Rolle erst in allgemeiner Form ohne Themenfestlegung!

2.   Du wendest dich jetzt bewußt dem Thema zu und besinnst dich anfangs auf deine kräftigsten Argumente!

3.   Du sprichst mit Überzeugung und innerer Beteiligung und zeigst dies auch körpersprachlich!

4.   Du schaust dein Gegenüber beim Sprechen und Zuhören genau an!

5.   Du sprichst nur einen einzigen Satz, der dir im Augenblick treffend erscheint!

6. Du hörst genau auf das, was der andere sagt und spürst nach, was du innerlich empfindest!

7. Du reagierst nicht ganz unvermittelt und kannst dir Zeit lassen für folgende Reflexionen:

A Was empfinde ich spontan nach dieser Aussage des anderen?
B Was kann ich sachlich entgegensetzen?

Wenn du willst, kannst du erst einmal erproben, wie du nonverbal und verbal antworten möchtest! (vor dem Spiegel)

Das Anliegen dieses ersten Teils der Übung ist:
Die Schüler sollen bewußt erkennen, wie sprachliche und nichtsprachliche Ausdrucksweisen auf die beiden Diskussionspartner wirken. Außerdem lernen sie, sich nur mit solchen Satzbildungen und Gesten auszudrücken, zu denen sie befähigt sind.

Ohne in einen "pattern drill" zu verfallen, kann der Lehrer durchaus die körpersprachlichen Ansätze seiner Schüler imitieren und verstärken. Auch kann er bei diesen "Rollendoppelungen" fehlerhafte Sätze korrekt aussprechen und eine bestimmte Zielvorstellung hineinlegen, z.B. Kausalität oder Finalität:

"Jugendliche brauchen Taschengeld, **weil** sie nicht wegen jeder Kleinigkeit um Geld betteln wollen."

"Ich gebe dir doch kein Geld, **damit** du dir Unsinn kaufst!"

Beim Diskutieren in der dargelegten Weise erschöpft sich das Gespräch jedoch nach einiger Zeit. Eine echte Interaktion erfordert ein noch vertiefteres Eingehen auf die Argumentationen des anderen.
Daher erweitern wir die Übung um zwei wichtige gesprächspsychologische Überlegungen und rücken von der reinen Polarisierung nach "Pro" und "Contra" etwas ab:

8. Du hörst dem anderen nicht nur zu, sondern du wiederholst einmal seine Aussagen als Fragen in folgender Form: "Du findest, daß..?" oder "Du meinst,..?"
   - aktives Zuhören -

Wenn ein Schüler einem Lehrer "aktiv zuhört", so kann dieser die Satzstruktur an das Schülerniveau anpassen und Sprache in geeigneter Weise modellieren.
Als weiteres wichtiges Merkmal wird der Jugendliche erkennen, daß sein Gegenüber sich in sympathischer Weise verändert und anders als bei der Polarisierung zuvor mehr und differenzierter spricht. Es entsteht also ein höherer Sprachumsatz und eine reichhaltigere sprachliche Qualität.

Wichtig ist natürlich, daß bei der Themenwahl keine reinen Sachfragen gewählt werden. Wer einen Schritt weitergeht, wird mit einer zweiten zentralen gesprächspsychologischen Regel die Beziehungsstrukturen noch nachhaltiger verbessern können:

9. Du findest positive Anteile in den Aussagen des anderen und faßt diese in Worte.
   - positives Deuten -
   Beispiel:
   "Jugendliche brauchen Taschengeld, weil sie nicht wegen jeder Kleinigkeit um Geld betteln wollen!"
   "Ich finde es gut, daß du Selbständigkeit anstrebst!"

Die charakterliche Haltung, die hinter den Regeln 8 und 9 steht, muß auf jeden Fall längerfristig eingeübt werden. Hier wird schon ein hohes Maß an Persönlichkeitsformung abverlangt.
Die Fähigkeit, sich stets neu auf die aktuelle Botschaft eines anderen einstellen zu können, wäre natürlich die **Idealform** bei der Kommunikation. Nur reichen eben die verbal-sprachlichen Mittel der Jugendlichen oft noch nicht ganz aus, so daß wir wieder auf die elementareren Formen einer Interaktionsförderung zurückverwiesen sind.
Immerhin verlangt die Praxis einer ganzheitlichen Sprachförderung, daß wir als Pädagogen auch stets **das Ganze** im Auge behalten. In den Teilinhalten ist zwar auch schon immer das Ganze enthalten, aber ohne die übergeordnete Idealform hätten auch die Teile keinen Bestand.

LITERATUR

Affolter, F.   Wahrnehmung, Wirklichkeit u. Sprache. 4.Al.
                         Villingen-Schwenningen 1989
Alexander,G.   Eutonie. 4. Al. München 1981
Brand, I. ,
Breitenbach, Maisel Integrationsstörungen. Würzburg 1985
Coblenzer, H. ,   Atem und Stimme 9.Al. Wien 1989
Muhar, F.
Dannenbauer, F.M. in "Handbuch der Sprachtherapie" – Grohnfeldt
                         "Störungen der Grammatik" Bd.4 1992 (Vorabdruck)
Friedrich, S.,   Entspannung für Kinder Hamburg 1991
Friebel, V.
Franke, U.   Artikulationstherapie bei Vorschulkindern. 2.Al. München 1990
Furlan, E.   Komm, wir spielen Yoga . Freiburg 1991
Grohnfeldt, M.   Handbuch der Sprachtherapie . 1.Al. Berlin 1991
Holtz, A.   Kindersprache – Ein Entwurf ihrer Entwicklung Ulm 1988
Jacobi, S.   Sinnlicher Alltag. Bern 1991
König, E.,.   Mit Eltern arbeiten. Weinheim 1982
Volmer, G.
Köppen, D. ,   Mal sehen, ob unsere Füße hören können . Weinheim 1990
Riess, B.
Kramer, E.   Kunst als Therapie mit Kindern. Basel 1975
Lowen, A.   Der Verrat am Körper . Hamburg 1984
Montagu, A.   Zum Kind reifen 1.Al. Stuttgart 1981
Prekop, J.   Der kleine Tyrann. 6.Al. München 1988
Seitz, R.   Tast-Spiele – Sinnvolle Frühpädagogik 4.Al. München 1989
Teegen, F.   Ganzheitliche Gesundheit . Hamburg 1988
Windels, J.   Eutonie mit Kindern. München 1984
Wöbking, W.   Mein Kind – spielerisch fördern durch
                        mentales Training . München 1991

DIE PRAXISBÜCHER VON GISELHER GOLLWITZ

→ neue Sprechspiele - Band I
→ neue Sprechspiele - Band II
→ neue Sprechspiele - Band III (*Aussprache*) 17,90
→ *neue Sprechspiele - Band IV (*Aussprache* 17,90 *Redefluss Grammatik*)
→ Sprechspiele für Näsler
→ Sprach- und Kommunikationsförderung in musischen Einheiten
→ *Bildermix zum Sprechen lernen   x 14,32
→ Mit Krimskrams spielend Sprechen lernen (17,90)
→ *Laute erleben, finden und gestalten*
→ Tiergeschichten zum Sprechen lernen
→ Kasperltheater zum Sprechen lernen
→ Heiteres Tierratespiel
→ Musikalische Geschichten zum Sprechen *lernen (Lehrbuch mit Musikkassette)
→ Die Praxis einer ganzheitlichen Sprachförderung
→ Richtig und fließend Sprechen lernen
→ Vom Laut zur Grammatik
→ Verse und Lieder zum Sprachaufbau   x
→ Basiskonzepte einer sonderpädagogischen Sprach- förderung in Klassen und Gruppen
→ Wettermännchen zum Sprechen lernen
→ „Max und die vier kleinen Drachen" – ein Mär- chen zur Sprach- und Persönlichkeitsförderung

Aktuelle Prospekte können jederzeit angefordert werden !

Mit Rituellen im Alltag Sprechen fördern (12,78)

141